図説 日露戦争

太平洋戦争研究会＝編　平塚柾緒＝著

分厚いコンクリートと
積み石で造られた
東鶏冠山北堡塁の内部。

PHOTO
平塚柾緒
呂　同挙

百年目の旅順要塞

日露戦争の最激戦地になった旅順攻略は、ロシア軍が立てこもる永久要塞の攻防戦でもあった。

旅順港と市街を取り囲む山岳地帯に、ロシア軍が分厚いコンクリートで固めた堡塁と砲台からなる永久要塞の構築に入ったのは、今から百年前の一八九八年（明治三十一年）であった。

この年の三月二十七日、ロシアは清国との間に旅順口と大連を租借する条約を結び、念願の不凍港を手に入れた。すでにこのとき、旅順口を取り巻く山岳地帯には、清国の北洋大臣李鴻章が軍港を守るために築いた簡単な要塞はあったが、いわゆる永久要塞ではなかった。ロシアはこれら清国が造った要塞を取り壊し、改めて戦闘員が常駐できるいくつかの堡塁と、これら堡塁と坑道でつながる砲台を構築していったのである。

遼東半島の山岳地帯にロシア軍が築いたこれら堡塁と砲台は、旅順が陥落した当時のままの姿で現在も残っている。日露戦争後、遼東半島を日本が租借してからは、堡塁や砲台は戦跡巡りの絶好の観光資源になった。旅順を訪れた日本人は必ずと言っていいほど戦跡に足を運び、堡塁や砲台の絵葉書は飛ぶように売れたという。

しかし第二次世界大戦が終わり、

中国に中華人民共和国が誕生するとともに軍港である旅順口は封鎖され、外国人の立ち入りは禁止されてしまった。以来五十年余、旅順は外国人の目から隠れるように遼東半島の先端で息を潜めてきた。それが改革・開放の風と、地元大連市などの強い要望もあって、戦跡の一部が外国人観光客にも開放されたのは、ほんの一年ほど前だった。私は今年の三月に旅順を訪ねる機会を得たが、二〇三高地や東鶏冠山北堡塁、市中の自然博物館など一部の名所旧跡を除いては、まだ自由行動は許されていなかった。

その昔、旅順口は「獅子口」と呼ばれていたという。ところが明代に、ある将軍が北上するために海を渡って「獅子口」から上陸したが、その道中が「旅途順利」(道中平穏)だったところから「旅順口」と改めたのだという説が今も伝えられている。

現在の旅順口は、中国の北の玄関口である大連市の一行政区で、人口は約二十一万人。大連市の中心部から四十五キロ、バスならおよそ一時間半の距離にある。三方が海に面している旅順はすばらしい自然の景観に恵まれているところから、昔から「露天博物館」とも称され、一九八八年には国定自然保護地域、国定森林公園の指定を受けている。

旅順口全景。左前方が黄金山。頂上の左端に見えるのが黄金山砲台。港入口の右側が老虎尾半島の突端部で、頂上部にはそれぞれ砲台が置かれていた。この港の入口部を塞ごうとしたのが連合艦隊の閉塞作戦だった。写真手前のロープウェーは、旧市街から白玉山山頂の白玉山塔(表忠塔)に通じている。

▲難攻不落を誇っていた東鶏冠山北堡塁だったが、日本軍の決死の爆破行によってその一角が崩され、ついに陥落した。現在も堡塁の中（兵営）に入ると、当時の戦闘の激しさを物語る"物証"をいたる所で見ることができる。

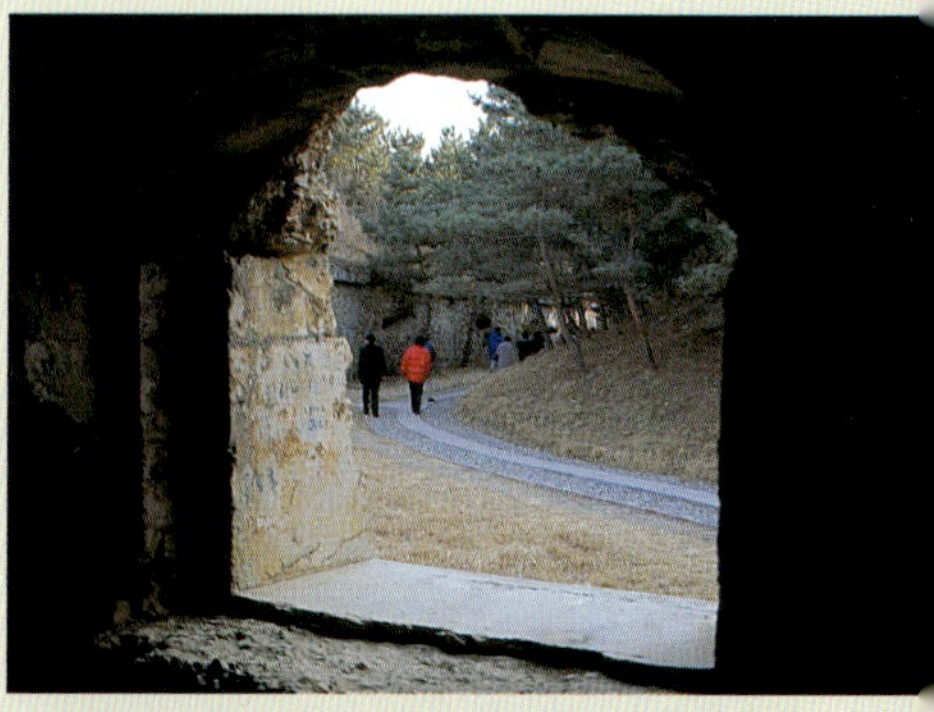

▶東鶏冠山北堡塁の銃眼から外部を覗く。

▶日露戦争後、日本が建てた東鶏冠山北堡塁の記念塔。

◀東鶏冠山北堡塁。この要塞は初め清国が築いたもので、日清戦争のときは徐邦道に率いられた清国軍が激しい抵抗戦を行った。その清国軍の要塞をロシア軍は拡大強化し、旅順を代表する永久要塞にした。堡塁は五角形を成し、30門の大砲が周囲を睨み、常時300余名のロシア軍が守備に当たっていたといわれる。

▲望台砲台。望台は東鶏冠山北堡塁の上から西方に見える高地の頂上に造られた砲台で、旅順防衛の重要拠点の一つだった。ロシア軍はこの砲台に射程10キロの海軍砲を据えて万全の構えを見せていた。望台は明治38年1月1日、乃木軍の最後の攻撃で陥落し、ロシア軍に降伏を決意させた砲台である。

▼コンドラチェンコ将軍の記念碑。ロシア軍の野戦指揮官の中では猛将を謳われたコンドラチェンコ少将だったが、東鶏冠山北堡塁の一角で幕僚と作戦会議をしているとき、日本軍の放った28センチ榴弾砲が命中、幕僚ともども少将は一瞬のうちに消し飛んでしまった。戦後、この事実を知った第3軍司令官乃木希典大将は、コンドラチェンコ少将の勇猛を称えて戦死の地に記念碑を建てた。碑は中国を吹き荒れた文化大革命の際、紅衛兵によって引き倒されるなどの被害にあったが、現在は完全に修復されている。

▶黄金台海水浴場。旅順口の入口、黄金山砲台の下に広がる海岸で、戦前から海水浴場として市民の憩いの場になっている。

▶旅順港を取り巻く山々の上には、ロシア軍が造った砲台跡がいたるところに残っている。

▲旅順市街側の山麓から見た203高地。

►203高地記念碑。旅順攻略戦の最大激戦地であった203高地では、日本軍が死傷者1万人、ロシア軍が6千人と膨大な損害を出している。そのため乃木大将は戦後、この高地を「爾霊山」と改め、明治45年に銃弾をかたどったこの記念碑を建立した。碑石の文字も乃木大将の筆跡である。

◄乃木大将の次男・保典少尉は203高地の頂上に近い山腹で敵弾に倒れた。左はその戦死の地に建てられた碑。上は中国が建てた案内標識。

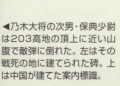

▲水師営会見所。旅順のロシア軍が降伏した直後の明治38年1月5日、日露の指揮官・乃木大将とステッセル中将は、
この小さな農家で会見した。建物は当時のまま現在も保存されている。

▲乃木・ステッセル両将軍の会見室は8畳間ほどの土間で、
隣の二部屋がそれぞれ両将軍の随員の控え室にされた。

▶上の写真はロシア軍随
員の控え室。
下が日本軍随員の控え室。

▲日露戦争前から多くの住民が住んでいた旧市街。

◀旅順駅。駅舎は当時のままである。

▼旅順日露監獄旧址。日露戦争前の1902年にロシアが建設を始め、日露戦後に日本が拡張したもの。253室の牢屋があり、2000人余を収容できた。22万6千平方メートルの敷地には15棟の服役工場があり、絞首台も残されている。

▼白玉山塔。日露講和条約締結後の明治38年11月から翌年3月にかけて、日本は旅順口を見下ろす白玉山の山頂に戦没者の遺骨を収容する「納骨祠」を造り、さらに明治40年6月から2年余の歳月と10数万円の費用を投入して英霊を祀る「表忠塔」を建立した。高さ84.8メートル、砲弾型の塔は今も旅順の象徴でもあるかのようにそびえ立っている。山腹に置かれている古砲は甲午戦争(日清戦争)で清国軍が使った21センチ・カノン砲。

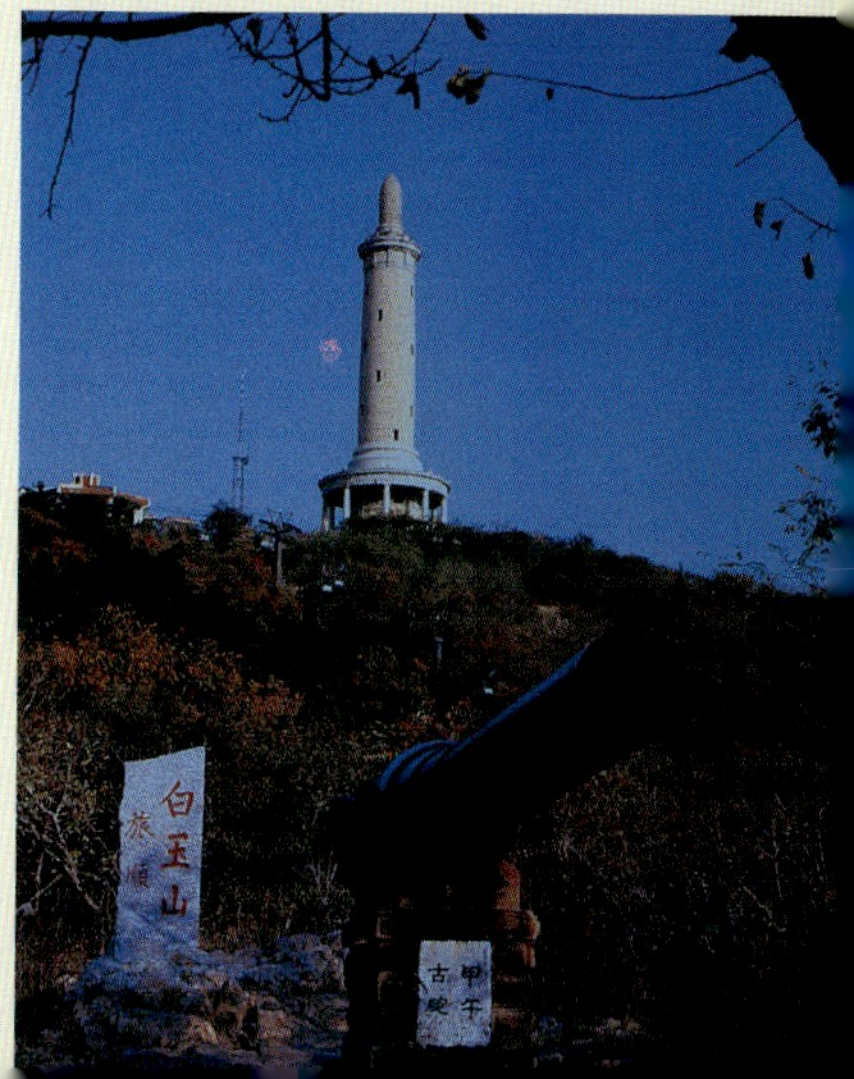

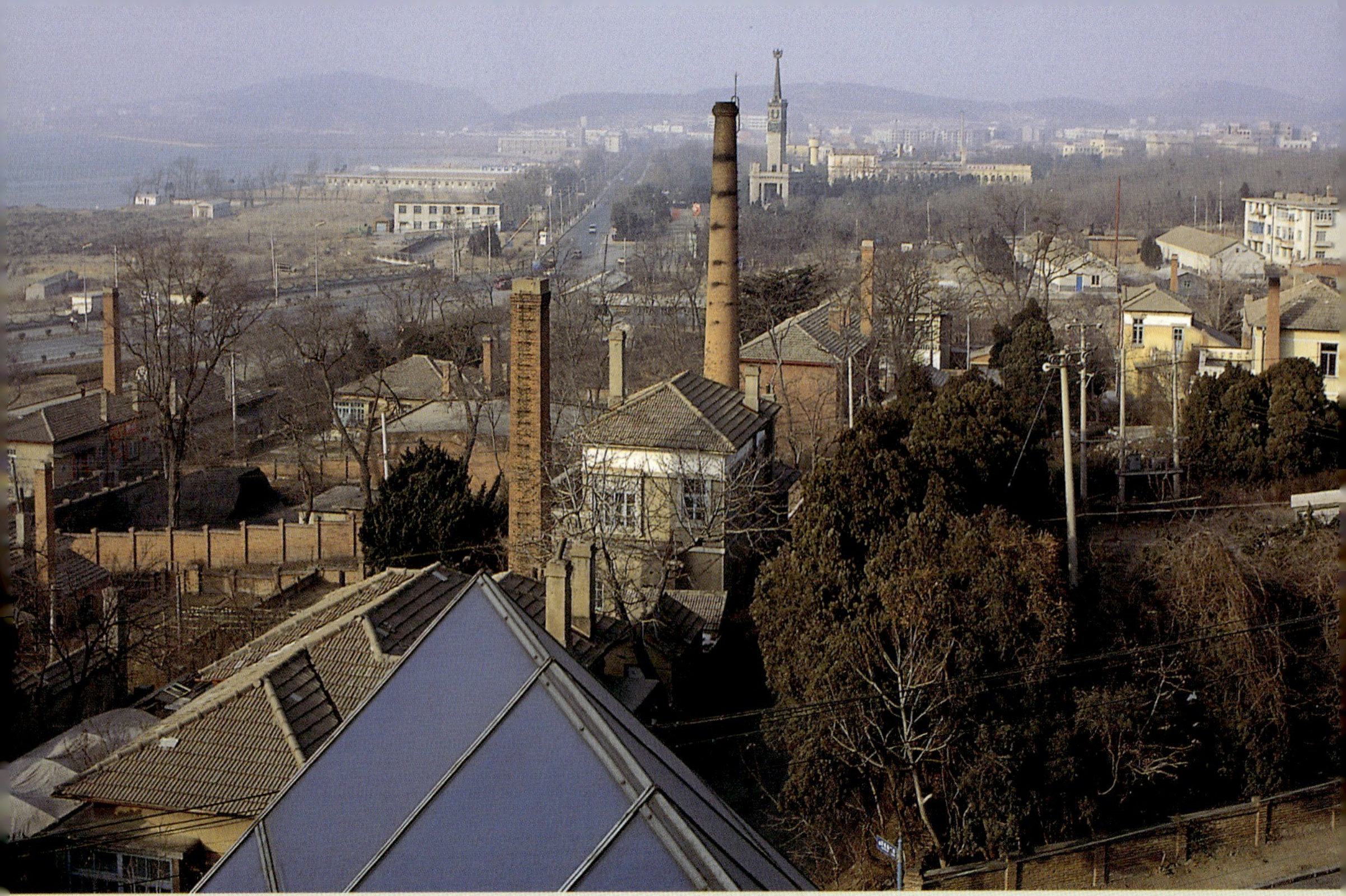

▲旅順新市街。日本の統治が始まってから発展した街で、現在も建物の多くは当時のままだといわれる。

▲旧粛親王府。清朝末代の粛親王・善耆が1912年の初めに旅順に逃れて王府にしていた。日本では「川島芳子の生家」といった方がわかりやすいかもしれない。

▶旧関東庁(右上)。日露戦争前のロシア時代は市営のホテルだったが、戦後は関東都督府として関東州経営の本山になった。そして日本の行政改革にともない、1919年に関東庁と改称され、さらに1934年には関東州庁となったが、1937年に州庁が大連に移ったため、旅順師範学堂になった。現在は旅順軍人倶楽部。

右は旧旅順工科大学。1900年にロシア海兵団の駐屯地として建てられたが、日露戦後は各種産業界の中級技能者を養成するための工科大学に変身した。

図説◉日露戦争◉目次

巻頭特集
百年目の旅順要塞

203高地頂上から望んだ旅順口。日本軍は旅順港に停泊するロシア艦隊を砲撃するため、この203高地を奪取して観測地にするのが目的だった。当時も今も、高地の頂上からは旅順の街も港も一望の下に見渡せる。

第1章

なぜ日露戦争は起きたのか
領土拡大に走る日本とロシア

日清戦争の勝利でつかんだ大陸進出の夢

明治維新によって近代国家への道を歩み始め、欧米の先進資本主義国に必死に追いつこうとしていた日本は、中国の属領化している朝鮮半島への支配権確立を虎視眈眈《こしたんたん》とねらっていた。当時の為政者たちは、朝鮮（韓国）を支配下におくことは、日本本土を守る国防上からも絶対に必要であり、また欧米列強に伍して中国大陸に進出する前進基地としても欠かせないものと考えていた。

高宗の妃・閔妃

その第一段ともいうべき行動が、明治九年（一八七六）二月に、軍事力を背景に李朝（李氏朝鮮）に「日朝修好条規」（江華島条約）を受諾させたことである。釜山など三港の開港のほか、領事裁判権、居留地の設定、居留地内での日本通貨の使用、輸出入品の関税撤廃といった条項を盛りこんだ、修好とは名ばかりの不平等条約であった。日本にとってこの条約の重要性は、その内容もさることながら、朝鮮に「自主の邦《くに》にして日本国と平等の権を有せり」と宣言させ、清朝の宗主権《そうしゅけん》を否定して日本の朝鮮進出の布石としたことにある。

国王・高宗の父の大院君

当時、朝鮮の実権を握っていたのは国王・高宗の妃閔妃《びんぴ》（「みんぴ」「びんひ」ともいう）とその一族を推す革新派だったが、日本の影響力を受けるようになった閔妃政権に対して、李鴻章《りこうしょう》を中心とする清朝の実権派は積極的に干渉政策をとってきた。そこに起こったのが「壬午《じんご》の乱」である。一八八二年七月、日本の影響下で作られた新軍隊にくらべ、給与も配米も悪いソウルの旧軍隊の兵士たちは、大院君《だいいんくん》（国王の父）を擁立して反日・反閔妃政権の暴動を起こした。新軍の日本人軍事顧問が殺され、日本公使館が占拠される。

日本は派兵して保守派の大院君とその一派を一挙に制圧し、朝鮮での日本優位をつくりあげようとしたが、直隷総督《ちょくれいそうとく》兼北洋大臣の李鴻章もまた日本の機先を制して派兵してきた。そして大院君を中国の保定に連行してしまったため、日本の思惑ははずれた。この後も日本と清国は朝鮮半島の支配権をめぐっていくつかの事件を起こし、ついに日清戦争という全面対決にエスカレートしていったのである。

明治二十七年（一八九四）の春、朝鮮の全羅道で「東学党の乱」が起こった。甲午《こうご》農民戦争

日清戦争は日本軍が圧倒的強さを発揮して勝利を手にした。左図は牛荘の市街戦で清国軍を撃破する日本軍（絵・作者不詳）。

ともいわれるこの騒乱は、不正官僚の糾弾に端を発した反政府暴動だったが、キリスト教の「西学」に対して「東学」という土着宗教の団体＝東学党が大きな役割をはたしたことから、日本では「東学党の乱」といわれている。

当時、韓国駐在清国公使は袁世凱《えんせいがい》で、知謀にたけた彼は李朝に圧力をかけ、農民鎮圧のために清国に派兵を要請させた。袁世凱から報告を受けた李鴻章はただちに出兵に応じ、三千人の鎮圧軍を朝鮮に送り込んだ。

一方、清国の出兵を知った日本は、このまま清国に優位な立場を築かれるのを恐れて急遽、清国軍を上まわる大兵力の派遣を決定した。しかし、まもなく李朝は農民軍と和解したため、日本は出兵の大義名分を失ってしまった。そこで日本は清国に共同で李朝の内政改革を行おうと提案したが、すげなく拒否された。日本は閔妃政権に圧力をかけ、朝鮮の清国からの独立を宣言させた上で、日本の「援助」を要請させた。そして明治二十七年八月一日、日本は清国に宣戦を布告、戦端を開いたのである。

明治二十七年八月から二十八年四月にかけて行われたこの初の対外戦争で、日本軍は清国軍を次々撃破し、海上の戦いでも豊島《ほうとう》沖海戦、黄海海戦と連勝して清国艦隊を壊滅に追い込んだ。

日本と清国の和平交渉は明治二十八年三月から山口県の下関で開かれた。日本の首席全権は伊藤博文首相、清国の首席全権は李鴻章だった。そして四月十七日に交渉が成って調印された。いわゆる下関条約（日清講和条約）が結ばれ、日本は清国に朝鮮半島の宗主権を放棄させ、さらに旅順《りょじゅん》、大連《だいれん》を含む遼東《りょうとう》半島《はんとう》と台湾、澎湖《ほうこ》島《とう》の割譲に加え、莫大な賠償金の支払いを認めさせた。これで欧米列強に伍して念願の中国大陸に進出する足がかりをつかんだ——日本政府はそう考えた。

「三国干渉」と列強の中国侵出

ロシアは、すでに建設中のシベリア鉄道を延長して満州縦貫鉄道を完成させ、満州はもちろん朝鮮半島をもその勢力下におこうと考えていた。そのロシアにとって、日清戦争で日本が勝利をおさめたことは大きなショックだった。いままで推し進めてきた極東進出政策の見直しを迫られたからである。

威海衛に上陸した日本軍。

ロシアは、日本と清朝が下関で講和会談を行っている最中《さなか》の明治二十八年（一八九五）四月十一日、特別閣僚会議を召集して今後の極東対応策を協議している。この席上、蔵相エス・ユ・ウィッテは、次のような内容の発言をしている。

「今回の戦争は直接わがロシアに向けられたものである。我々がいま、ここで日本人に満州進出を許すならば、わが国の領土を守るため我々は十万の兵と艦隊の増強が必要になる。それは遅かれ早かれ、我々はどうしても日本人と戦わねばならなくなるからである」

日本軍に占領破壊された威海衛港西岸の黄崖砲台と清国軍の21センチ砲。

そしてウィッテは、将来、日本との戦争を避けるためには、この際、日本が占領している南満州を放棄するよう最後通牒を突きつけてはどうかと提案した。

旧ソ連の日露戦争史研究の第一人者とされるI・I・ロストーノフ編『ソ連から見た日露戦争』は、このウィッテの提案に対してこう記述している。

「会議は全員一致して、日本が南満州を占領しないよう『当初は友誼《ゆうぎ》あるように』忠告することに決した。これを拒否した場合、日本政府に対し、ロシアは行動の自由を留保し、自国の利益にしたがって行動するものであると、声明するよう提案がなされたのであった。

一八九五年四月、下関条約の調印後、ペテルブルグで特別閣僚会議が再度開かれた。ウィッテは日本にたいし、遼東半島を占領しないよう要求し、もし聞きいれない場合には、日本にたいし海上から軍事行動を開始すると威嚇するよう提案した。会議出席者はこれに同意を表明した。ツァー政府は、プリアムーリエ地域を攻撃するための基地になりうる朝鮮と南満州にたいする日本の奪取を許すまいとして、積極的に行動するよう決定した」（大江志乃夫監修・及川朝雄訳、原書房刊より）

当時、中国を有力な輸出入市場にしていたのはイギリスを筆頭にアメリカ、フランス、ドイツであった。これら列強の中でイギリスとアメリカは日本の中国進出を対フランス・ドイツとの勢力均衡の観点から支持し、当然ながらフランス、ドイツは眉をひそめていた。

まずフランスは、露仏同盟維持とイギリスの中国への影響力低下を狙ってロシアの下関条約反対を支持し、日本と中国に武器を売り込もうとしていたドイツも、それが和平条約で制限されていることを知ると、「下関条約はドイツの利益にとって有害である」とロシアに歩調を合わせた。さらにドイツにとって、軍事大国ロシアの目が西欧から極東に向けば自国の安全

保障が保たれると計算した。

　こうして明治二十八年四月二十四日、ロシアはドイツとフランスを引き込み、日本に「遼東半島の永久所有権を放棄せよ」と迫り、もし勧告が容れられない場合は重大な決意があると、武力行使をほのめかして脅《おど》しをかけてきた。いわゆる「三国干渉」である。日清戦争で疲弊《ひへい》しきった日本には、これら三国に対抗する軍事力も経済力も残されていない。妥協の余地なしと見た日本は、清国に遼東半島を還付し、屈辱の涙を飲んだのである。

日本が三国干渉を受け入れた直後の旅順港。日本船「威海丸」（中央）と「末広丸」の姿が見える（明治28年5月17日）。

　中国領土内から新興・日本の排除に成功した西欧諸国は、敗戦で追いつめられた清国政府につぎつぎと租借地を強要していった。

　明治三十年（一八九七）十一月一日、ドイツ人宣教師三名が山東省で暴徒に殺害された。新聞報道で事件を知った皇帝ウィルヘルム二世は、上海の呉淞《ウースン》に停泊中のドイツ太平洋方面艦隊に膠州湾《こうしゅうわん》占領を命じた。艦隊は軍艦三隻を膠州湾に派遣、十一月十四日、港湾施設や砲台を占領してそのまま居座り、翌三十一年三月に九十九年間の租借契約を結んだ。

日清講和条約批准書交換のため旅順を訪れた伊東巳代治全権（内閣書記官長・中列中央）と代表団。写真は三国干渉で屈辱の涙を飲んだ翌5月9日に「横浜丸」で。

　このドイツの動きを見たロシアはただちに行動を起こした。皇帝ニコライ二世の命令を受けたロシア東洋艦隊は「列強が満州におけるロシアの権益を侵害する恐れがあり、それを防止するため」と称し、旅順口《りょじゅんこう》に軍艦を派遣して占領、日本が清国に返還した大連、旅順を含む遼東半島を強引に租借した（三月二十七日）。するとイギリスも九龍半島と威海衛を租借し、フランスは広州湾を租借し、中国の分割化競争に拍車をかけていった。

　一方、屈辱の涙を飲んだ日本は、この間、着々と軍備の増強に努めていた。イギリスに発注した戦艦の建造をはじめ、その費用に充《あ》てられたのが清国からの賠償金であった。日本が日清戦争で使った戦費は約二億三千二百六十万円と見積もられている。これに対して清国が日本に払った賠償金は軍費賠償金二億両《テール》、約三億円と、遼東半島還付の代償金三千万両、約四千五百万円という巨額なものだった。これは当時の日本の国民総所得の七割にも相当する金額であったといい、当時の清国の歳入総額の二・五年分に相当する額であった。のちに日露は因縁の遼東半島を中心に戦闘を交えるのだが、この日露戦争で日本が陸海軍とも

三国干渉で清国に返還した日清戦争直後の旅順港。

にロシアと五分に戦えたのも、実は清国からの賠償金によって軍隊の近代化を推進することができたからであった。

義和団事件と清朝の誤算

　下関条約によって清国は日本へ多額の賠償金を支払うことになった。しかし日本との戦争の費用さえイギリスとドイツからの借金で賄《まかな》っていた清国にそんな余裕はなかった。ここに起こったのが列強の〝貸し付け強要〟騒動だった。まず露仏同盟はフランス貨で四億フランの貸し付けに成功し、イギリスとドイツは千六百万ポンドずつ二回にわたって計三千二百万ポンドの貸し付けを成立させた。もちろん貸し付けの狙いは純粋な資金援助などではなく、見返りに前記したような租借地や鉄道敷設《ふせつ》権、鉱山の採掘権などを手に入れようという思惑があったからである。

義和団蜂起の中心地の一つになった青島市街。
外港には多くの外国艦船が停泊している。

　だが、こうした各国からの借り入れ―戦費賠償は、中国国民に重くのしかかった。課税率はますます高くなり、賠償金の貸し付けで恩義を売った列強は先を競《きそ》って自国の商品を中国市場に流してきたから、国内の零細な手工業はたちまち窮地に追いつめられた。おまけに水害つづきで農作物は大きな被害をこうむっている。ことに中国東北地方の被害は深刻で、人々は困窮を強いられていた。山東省で義和団《ぎわだん》なる集団が蜂起したのはちょうどそのころ、明治三十二年（一八九九）二月であった。

　義和団は元朝時代にできた白蓮教の流れをくむ一派で、義和拳と称する一種の妖術を信じ、十万人の団員を持つといわれた宗教色の強い秘密結社であった。その義和団が困窮にあえぐ民衆に向かって「扶清滅洋《ふしんめつよう》」を旗印に蜂起したのである。扶清とは清国を扶《たす》け、滅洋とは西洋を滅ぼすことである。すなわち清の国土を「租借」という名で次々と削り取っていく西欧列強を打倒しようという義和団のスローガンは民衆の支持を得て、次第に勢力を伸ばしながら北上してきた。

　当初は弾圧に出ていた清国の官吏や軍隊も、やがて義和団に同調して行動をともにするようになる。それは、欧米列強の抑圧にたえかねていた清朝の実権者・西太后《せいたいごう》が、義和団の行動を義挙と称《たた》え、積極的支持を与えるよ

▲▶欧米列強の抑圧に耐えていた清朝の実権者・西太后（写真右）は、義和団の行動を義挙とたたえ、列国に宣戦布告をした。そのため連合軍と清国軍は戦争状態に入り、各地で激戦を展開した。上図は天津を攻撃する日本軍。左側にはヘルメット姿のフランス軍部隊が見える（絵・作者不詳）。

うになったからだった。義和団は各地でキリスト教の教会を焼き払い、信者を殺し、外国人経営の北京―天津間の鉄道を破壊して駅舎を焼き払うなど乱暴狼藉《らんぼうろうぜき》をほしいままにしていた。そして多くの外国人が居留する天津と北京に押し寄せ、事実上両都市を支配下におさめてしまった。

日本、イギリス、アメリカ、フランス、ロシア、ドイツ、イタリア、オーストリアの八カ国は北京の公使館員と居留民を保護するため軍事行動に出た。当初、連合国は中国沿岸に遊弋《ゆうよく》していた各国軍艦を太沽《タークー》沖に集め、陸戦隊を中心に連合軍を組織して保護に当たっていた。しかし北京の治安は日に日に悪化していた。そこで天津の連合軍は六月十日、英国シナ艦隊司令長官シーモア中将を指揮官に、連合陸戦隊二千五十名が北京救援に向かった。ところが途中でシーモア隊は数万の清国兵と義和団員に包囲・攻撃され、危機に陥った。知らせを受けた天津の連合軍は、ロシアのステッセル大将を指揮官に二千名が救援に走り、やっとのことで天津に戻ることができた。

北京への連合国の軍隊派遣は清朝の実権者西太后の態度を硬化させた。清朝は列国に宣戦布告をし、暴動は連合国軍対清国軍の本格的戦争へとエスカレートしてしまった。連合国はそれぞれ本国に戦闘部隊の派遣を要請し、日本の一万三千名を筆頭に、総兵力三万三千五

極東総督アレクセーエフ海軍大将

連合国軍の攻撃で破壊された北京の粛親王府。清の皇帝徳宗と西太后は西安に逃れ、義和団事件は終息した。

直隷総督兼北洋大臣の李鴻章

小村寿太郎公使

百名余になり、まず七月十四日に天津の清軍を天津城内に追いつめて撃滅し、さらに連合国は増援部隊を送り込んで八月十四日、北京市内に攻め入り、各国公使館員と居留民を保護したのだった。

清の皇帝徳宗と西太后ははるか西安に逃れ、日本では「北清事変」と呼ばれた義和団の蜂起は終止符を打った。以後、清国と連合国側は講和条約の交渉を重ね、翌明治三十四年(一九〇一)四月、清国が連合国側に総額約六億三千万円余の賠償金を支払うことで講和(辛丑和約)が成立した。支払い方法は四十年間にわたる分割払いで、その元利合計を中国貨に直すと九億八千万両《テール》にもなり、清国の歳入の十二年分に相当する金額だったという。

表面化する日露の対立

義和団の蜂起は中国東北部の満州でも起こっていた。他の地区同様に教会が焼かれ、宣教師が殺され、ロシアが建設を進めていた東清鉄道も襲われた。しかしロシアにとってこの義和団の襲撃は絶好のチャンス到来だった。

連合国の派遣軍が天津攻撃を繰り広げていた七月、ロシアは義和団と行動を共にする清国軍が黒龍江(アムール河)の対岸のロシア軍弾薬集積所を爆破、将兵三十人近くを殺傷したのを口実に、八千人を超える中国人居住者全員の即時退去を命じた。住民たちは先を争って対岸に逃れようとしたが、ロシア兵に射殺されたり溺死したりして、約四千五百名が死亡したといわれる。加えてロシアは軍隊を増派し、奉天以北の満州の要地を一挙に占領した。

そしてロシアの極東総督エフゲニー・I・アレクセーエフは、奉天将軍の増棋と密約を結び、ロシア軍の満州駐留を認めさせ、満州領有に着手してきた。これが「露清密約」といわれるものである。すでにロシアは三国干渉によって日本に返還させた遼東半島を強引に租借し、半島を関東省と改めて旅順を実質的な省都に

し、軍事基地化を推し進めていた。これに北方の満州を加えたことで、実質的に中国東北部を手中にしたことになる。さらにロシアは明治三十四年（一九〇一）には、直隷総督兼北洋大臣の李鴻章を懐柔して、満州占領を合法化しようと「露清条約」の締結を画策していた。

　ロシアを除く各国は、清朝政府との講和成立とともにすでに軍隊を引き揚げていたから、このロシアの満州占領は各国の非難をあびた。

安定門外で義和団員を処刑する日本軍と清国巡査。

連合国軍は見せしめのために義和団員の指導者を処刑した。
写真は刑場に連行される義和団員。

しかしロシアは「平和が回復し、鉄道の安全が保障されれば即時撤退する」と繰り返すのみで、一兵たりとも動かそうとはしなかった。

　日本とイギリスは清国に厳重抗議を繰り返し、もし清国がロシアの要求を受け入れるならば、他の国々も同様な特権を貴国に要求するに違いないと脅しをかけて、ロシアの要求を拒否するよう申し入れた。

　日本はロシアの満州占領に抗議文を送る一方で、北清事変の講和全権である小村寿太郎（北京駐在公使）を通してアメリカ、ドイツ、イギリスの公使たちと歩調を合わせて李鴻章に圧力をかけ続けた。ロシアがなんとか日本をなだめ、露清条約の早期締結をはかるために「韓国の中立化構想」を提案してきたのがこのころであった。すなわち、明治三十四年一月、伊藤博文内閣の外相加藤高明に「韓国を各国共同保障の下に永世中立国にしよう」というのである。ロシアとしては、満州は占領しているが韓国には野心がないということを見せたかったのである。

　もちろん日本がのむはずはない。韓国が永世中立にされてしまえば、日本は韓国進出の足がかりを失ってしまうばかりではなく、将来、もしロシアと一戦を交えるようなことになった場合、韓国は日本の前線基地になる。それが中立化されれば基地も置けない。同時に、いまや有望な市場としても魅力が出てきた満州進出の夢も消されてしまう。加藤外相は珍田捨巳駐露公使を通して、すべてはロシア軍の満州撤兵が先であると、拒否の回答を伝えた。

　いずれにしても、この韓国の中立化問題は日露の思惑と利害が真っ向から対立していただけに妥協の余地はなく、翌年まで持ち越されて駆け引きは続くが、結局、結論を見ないまま日露の対立は日に日に高まり、開戦へと突き進むのである。

わき上がる「露国討つべし」

明治三十四年九月、清国公使だった小村寿太郎が外務大臣に就任した。小村は翌明治三十五年一月三十日、念願の日英同盟を締結、イギリスに韓国での日本の政治・経済上の優先権を認めさせた。

この日英同盟の締結はロシアへの大変な圧力となり、ロシアは二カ月後の四月八日、清国に満州を返還する還付条約を結んだ。その条約によれば、ロシア軍の満州撤兵は六カ月ごとの三期に分けられ、合計一年半で撤兵を完了するというものであった。そしてロシアは条約どおり六カ月後の十月八日までに第一期の撤兵を実施した。次の第二期撤兵完了の期日は明治三十六年(一九〇三)四月八日である。

ところがロシアは清国に七カ条の新しい要求を突きつけ、撤兵の引き延ばしを謀《はか》ってきた。要求の内容は、ロシアが撤兵した満州の地域は、いかなる理由があろうとも外国に租借や譲渡をしない、また外国に対していかなる利権も許可してはならないし、ロシアの同意なしに外国の領事を満州に置いてはならないといったものだった。要するに、ロシア以外の国は満州に足を踏み入れてはならんというのである。

韓清国境の鴨緑江の河口一帯は材木の切り出し地としても知られていた。ベゾブラゾフ(写真右)たちはここに目を付け、民間会社の森林事業の開始であるとウソぶいて砲台の建設など軍の作業を始めた。上の写真は材木を運ぶ鴨緑江の筏流し。

そして翌月の五月に入ると、ロシアは撤兵どころか鴨緑江《おうりよっこう》河口の韓清国境の町、平安北道龍巌浦《りゆうがんぽ》に土地を買収して大がかりな工事を始めた。これはニコライ二世の枢密《すうみつ》顧問官(秘書官)であるベゾブラゾフが、アレクサンドル大公などと組んでつくった伐採会社が行ったもので、名目は一八九六年にロシア人が権利を持った森林事業の開始であるという。しかし工事の内容は砲台を築くなど明らかに軍の作業であった。おまけにその地区は、かねて日本が開港を要求していた大東溝の対岸であった。

日本政府は韓国政府に抗議した。ところがベゾブラゾフたちは日本の抗議をあざ笑うかのように、今度は龍巌浦一帯の租借を韓国に要求してきた。日本の軍部内に渦巻いていた主戦論はますます強まり、五月十二日、参謀総長大山巌は「速やかに軍備の充実・整頓を図るべし」という意見書を内閣に提出、軍部内の戦争気運は一気に高まっていった。新聞や政治団体、学識経験者たちも「戦うべし」の主戦論を展開、世論をあおりにあおった。

しかし日本政府と軍首脳は慎重だった。そんな政府と軍部の首脳に対し、参謀本部や軍

日本の陸軍士官学校を訪れたクロパトキン大将（中央）。その左が野津道貫大将、右隣が寺内正毅陸相。

令部の中堅将校、それに外務省の局長クラスも交じった通称「湖月組」などと称する開戦促進グループは、軍部の重鎮たちに議論を挑んでは開戦を促《うなが》していた。

日本国内で「露国討つべし！」の声が強まっていた明治三十六年六月、ロシアの陸軍大臣アレクセイ・N・クロパトキンが日本にやってきた。名目は「極東視察」ということだったが、日本国内では「開戦にそなえた日本偵察ではないか」とささやかれていた。陸軍士官学校などを訪れ、寺内正毅《まさたけ》陸相と会談したあと、クロパトキンは言い放った。

「我がロシアには三百万の予備兵がおる。もし日本がわが国に挑戦するようなことがあれば、私はこの大兵を率いてただちに東京に攻め入るであろう。しかし私は、そのような戦争は双方にはなはだ不利を招く結果となることを痛感している」

アレクセイ・N・クロパトキン大将

クロパトキンの脅しに屈したわけではないが、日本政府はまだ戦争に訴えることは考えず、ロシアとの直接交渉によって、なんとかロシアの韓国への進出を食い止めようと考えていた。六月二十三日に開かれた御前会議で、小村外相が新たな対露交渉案を提出したのもその現れである。

小村はロシアの満州占領が韓国におよぼす危険を説き、いわゆる「満韓交換論」を日露交渉の主題にしたいと申し出たのだ。ロシアの満州での現状と権益を認めるかわりに、韓国での日本の権益と紛争鎮圧のための出兵を認めさせようというのである。

ロシアとの交渉は七月末から始められた。ロシアはこの日本の提案に反発を示しながらも交渉のテーブルにはついたが、次々と修正案を出してきては交渉の引き延ばしをはかってきた。そしてロシアがやっとのことで対案を出してきたのは十月に入ってからだった。その内容は次のようなものだった。

一、韓国の独立及び領土保全。
二、ロシアは韓国における日本の優越なる利益を承認する。
三、ロシアに通知の上、韓国に軍隊を送ることは日本の権利と認める。
四、韓国領土の一部といえども、軍略上の目的に使用しないこと。
五、北緯三十九度以北の韓国領土をもって、

中立地帯とみなすこと。

六、満州及びその沿岸は、すべて日本の利益範囲外であること。

日本の小村案は交渉の対象を「満州及び韓国」としたのに対し、ロシアの対案は韓国だけを討議の対象にし、満州に関しては日本は無関係だから口を出すなというのだ。

日本はロシアに満州も討議の対象にすべきであると迫ったが、ロシアは頑として主張を変えない。そこで日本は「満州を日本の利益範囲外とするなら、ロシアも韓国に対して同様の保障を与えるべきである」と譲歩案を提示して交渉を続けた。しかしロシア側は回答の期日すら示さず、いたずらに交渉の引き延ばしをはかるだけだった。

対露開戦への決断

こうしたロシア側の態度に業《ごう》を煮やし、日本国内の強固論は軍部やマスコミだけではなく、次第に元老クラスにも高まってきた。その一つが山県有朋《やまがたありとも》（枢密顧問官）の韓国への二個師団出兵案だった。

九月の元老会議は各大臣のほか伊藤博文（枢密院議長）、山県有朋、松方正義（前蔵相）、井上馨（元蔵相）の四元老に大山巌参謀総長、児玉源太郎参謀次長、伊東祐亨軍令部部長、伊集院五郎軍令部次長が出席して開かれた。謄写版印刷された議案が配られる。ここで山県が突然、予定の議案にない韓国出兵案を持ち出したのだ。

―近ごろロシア側の態度はますます不穏を加え、鴨緑江の森林を伐採し、龍巌浦には諸建築の施設をなし、安東県には兵を配置し、鴨緑江には電信の架設をなし、このまま放置しておけば江《かわ》を越えて新義州にまでその魔手を延ばさんとも測りがたしとの情報がある。しからば即ち、ロシアの勢力はいよいよ韓国内に伸張し、韓国に対する帝国の権益ははなはだ憂慮すべきものがある。今にしてこれを防止するにあらざれば、ついにはその勢威を抜くことができなくなるであろう。ついてはこの際、帝国もまた軍隊を京城（ソウル）及びその付近に送遣して我が地歩を堅固ならしめねばならぬと思う。その兵力は約二個師団程度で足るであろうと思う」

海相の山本権兵衛《ごんのひょうえ》が敢然《かんぜん》と反論にでた。

―ロシアの挙措《きょそ》の傍若無人なる、而して我が国民がこれに対して極度の敵愾心《てきがいしん》を醸成せられつつあることは、これを認める。しかし今、にわかに軍事行動に出ることは帝国にとってはなはだ不利益なる情勢にある。

すなわち、第一に韓国は一つの独立国である。たとえその勢力ははなはだ薄弱であるとはいえ、いやしくも一個の独立国家に対して日本がみだりに兵を送遣することは、必ずや国際関係上列国の感情を刺激し、帝国は国際条規を蔑視するものであるとの物議を醸《かも》す

世論を煽った開戦七博士

ロシア軍の満州からの撤兵問題をめぐって、政府がロシアとの交渉に難航を重ねているとき、国内では「ロシア討つべし！」の無責任な声があちこちから沸き起こっていた。

ことに世論を刺激してロシアへの敵愾心《てきがいしん》を煽り、戦争へと導いていったのは学者や思想家たちだった。中でも知られているのが、いわゆる「七博士」で、明治36年6月10日、彼らは［露国討つべし」の建議書を政府に提出して開戦を促した。その内容は6月24日の東京朝日新聞に“七博士意見書”として発表された。その七博士とは東京帝国大学法科大学の富井政章《まさあき》、戸水寛人《ひろんど》、金井延《のぶる》、寺尾亨《すすむ》、中村進《しん》午《ご》、高橋作衛《さくえい》、小野塚喜平次《きへいじ》の教授陣である。

当時の世の中で「博士」といえば大変な権威と尊敬を併せ持つ存在だっただけに、世情の開戦論を盛り上げる牽引者の役目を果たした。中でも戸水はローマ法の教授として名声ある教授だった。その彼が、開戦を主張するアジ論文を報知、読売、日本などの新聞に次々と発表するだけではなく、「ウラジオに露人の屍を築くべし」などと発言したのだから、世論への影響は大きかった。見かねた東京帝大医学部教授だったドイツ人のエルヴィン・ベルツは「日本の新聞の態度もまた厳罰に値する」と日記に記している。

8月には頭山《とうやま》満《みつる》、神鞭知常《こうむちともつね》、佐佐友房《さっさともふさ》たちが、それまでの対外硬同志会を改めて対露同志会を結成、日露開戦運動に加わった。会長には貴族院議長の近衛篤麿が就《つ》いていた。

韓国は日本とロシアによってその体制も国土も蹂躙され続けた。写真は韓国皇帝の行列。

ことはきわめて明らかなることである。

また、たとえロシアの行動が暴慢であるにもせよ、帝国がこれに対峙して韓国に出兵することは、暴をもって暴に報いる行為であるとの非難はまぬがれない。しからば今日までせっかく列国より受けた信望と同情とは、出兵の一事によって根底より転覆されるおそれがある。いやむしろ、ある国のごときは、必ずやこれをもって干渉の口実となして帝国に迫るべきは火を見るよりも明らかである。

第二には、我が陸海軍の実情より見て、この際の出兵はよろしくないと認める。何となれば、我が軍備の現状はいまだ出師《すいし》(出兵)の準備が完備していない。しかるにその一部分を割いて京城に送遣した場合、ロシアに最も好き口実を与え、日本は平和的協商を裏切りて出兵したるは、これロシアに対して宣戦の布告をなせると同様であるととなえ、逆に我が弱勢なる送遣部隊に対して攻撃し来らんには、はたしていかになさるお考えなるや。帝国はいまだ後続部隊出動の準備なく、しかも出先部隊は敵の優勢なる軍隊と衝突して全滅の危機に瀕し、孤立無援に陥るもなお本国からの援軍望みがたしとせば、その結果たるや推して知るべしである。帝国に後続送兵の準備なくして出兵するの危険なること以上のごとしとするならば、予は遺憾ながら絶対にこの議に反対せざるを得ない」

元老山県有朋に対する山本権兵衛の態度は毅然《きぜん》たるものだった。だが、山県も引き下がらなかった。

「山本海相の意見のごとくなりせば、ロシアの勢力は漸次《ぜんじ》に増強してついに抜くべからざるにいたるであろう。したがって事大主義の国民性を持つ韓国民は、この趨向を見て万一の場合、日本恃《たの》むにたらずとの感を起こし、韓帝がロシアまたはフランス、ドイツなどの公使館にでも逃避せらるるようなことがあっては、我が方は交渉すべき相手を失い、ついには折衝することすらも不可能に陥るであろう。ゆえにこの際、我が勢力を扶植《ふしょく》しおき、事に臨んで万遺憾なきを期すべきであると思考する」

　山本は反駁《はんばく》した。

「万一の場合、韓帝が逃避して在《あ》らずとするも、その建国以来すでに四百年を算している立派な国家であるから、単に皇帝が不在であるというがごとき言い訳に耳を貸す必要はない。AでもBでもかまわぬ、我が国はただ韓国それ自身に責任をとる者を相手として談判すれば、格別不都合はないと信ずる。恐らくかようなことは山県侯のご心配になるような事態にはなるまいと信ずる」

　そして山本は、大山巖参謀総長に向かって言った。

「お聞きのように山県侯より韓国出兵の発議がありましたが、軍事に関することであるから、関係当局としての大山参謀総長のご意見を拝承《はいしょう》したい」

　大山は明快に答えた。

「四面環海の帝国が海外に軍隊を送るに当たっては、まず海上権を奪取することが先決条件であるということは、日清戦役がまさに開始せられんとするに際して、初めて山本氏より聞いたところであるが、今日でもなおよくこれを記憶している。したがって我が陸軍では、まず海軍が準備すでによろしいとのご意見が発表されない間は、軍隊は海外に送遣しない決心でいる」

　大山に次ぐ発言者は誰もいない。山県提案の韓国出兵問題は結論が出たに等しかった。四面《しめん》楚《そ》歌《か》の体《てい》に置かれた山県は、「所用があるからお先に」といって、そそくさと席を立ってしまった。結局、この日の元老会議は何らの決定もみずに散会となった。

　四、五日後、山本権兵衛は海軍大臣官邸に伊藤博文の訪問を受けた。伊藤は韓国出兵問題の妥協案を持ってきたのである。

「過日の会議に山県侯が中座せられた後、大磯に行って帰京しないということだったので、これは何か山県が不平でもあってのことではないかと思ったので、大磯に山県を訪ねて話してみたが、例の出兵問題に関する山県の考えも、これを諒《りょう》とすべき点もあるようだから、折衷案をとって人員数を混成一旅団くらいに減少して送遣し、韓国を保護することにしてはど

参謀総長・大山巌元帥

参謀次長・児玉源太郎大将

軍令部長・伊東祐亨大将

伊藤博文（左）は山県有朋を説得するため大磯に出向き、山本海相の真意を伝えた。

枢密院議長・伊藤博文

枢密顧問官・山県有朋元帥

海軍大臣・山本権兵衛大将

うかと思うので、今日は君の意見を聞きたいと思って訪ねてきた」

山本は先の元老会議で山県に反論した内容を再び理路整然と、諭《さと》すように嚙みくだいて伊藤に話した。

山本の話をじっと聞いていた伊藤は「よーく君の意見はわかった」と言い、辞去していった。

海相官邸を出た伊藤は、その足で大磯の山県を訪ね、山本の真意を伝えて説得に努めた。その結果、山県もついに韓国出兵に関する発議を撤回したのだった。

明治三十六年も十二月を迎え、日本政府は、もはや交渉によってロシアの進出を食い止めることは不可能であり、〝韓国の安全〟も、ひいては日本本土の防衛も危ういという結論を出す。そして十二月二十八日に、冒頭に記したように、具体的な戦争準備に着手する緊急勅令を公布したのである。

年がかわり、明治三十七年一月十二日、日本は御前会議でロシアとの国交断絶方針を決定した。そして十九日に作戦計画会議が開かれ、二十三日には臨時派遣隊編成実施の裁可があり、二十六日には戦時財政に関する元老会議も開かれた。

二月四日、政府は午前の閣僚会議に続いて、午後に御前会議を開き、ついに開戦を決定した。同時に第一軍に動員が下令された。翌五日、政府は国交断絶の公文を駐ロシア公使館に発電し、文書は栗野慎一郎公使によって翌六日、ロシア政府に手交された。こうして日本とロシアの国交は断絶し、二月十日、日露両国は宣戦を布告して本格的な近代戦に突入していった。

日露戦争は、陸海とも世界最新の装備と最大の兵力を動員して戦われた戦争としては初めてのものだった。そして両国はそれぞれ二十七万名の犠牲者を出す。そのうちロシアの戦死者は五万余名、日本は八万六千余名の戦死者を出した。その戦争がいかに行われたか、これから再現してみたいと思う。

第2章

ロシア艦隊を撃滅せよ

「旅順口閉塞作戦」成功せず

連合艦隊に出撃の大命降る

日本の陸海軍は明治三十五年（一九〇二）八月ごろから対露作戦を研究し始めていた。そして国交断絶決定直前の明治三十六年十二月に、緒戦の作戦を決定している。陸軍は主作戦の基本を満州に置き、支作戦をウスリー地区に置いてロシアの野戦軍を撃破する。海軍はウラジオストクと旅順のロシア太

連合艦隊司令長官・東郷平八郎大将

連合艦隊司令部幕僚。前列中央が東郷司令長官、向かって左が加藤参謀長、右が山本機関総監、その右が秋山作戦参謀。

平洋艦隊を撃滅し、黄海と日本海における制海権を確立するというものであった。

陸軍の作戦は大きく二期に区分していた。第一期が鴨緑江以南の作戦で、韓国の軍事的占領の完遂を目的とし、第二期が鴨緑江以北、すなわち満州の大地を戦場とする作戦である。大まかな作戦目標は以上のようだったが、開戦を目前にした日本の陸海軍は、制海権の確保を第一に掲げた。海を抑えないかぎり陸軍部隊の輸送も軍需物資の輸送も思うにまかせないからである。

ロシア太平洋艦隊と日本艦隊の戦力はほぼ拮抗《きっこう》していた。いや新造艦艇が多い日本のほうが攻撃力では勝っていた。しかし日本は全艦艇を投入するのに対し、ロシアは太平洋艦隊だけで、ヨーロッパにはバルチック艦隊と黒海艦隊が控えている。いずれはこれらの艦隊とも戦わなければならないとしたら、旅順の艦隊との戦いで一隻たりとも失うわけにはいかなかった。

大本営は陸戦で開戦すべきか海戦で戦端を開くべきかを検討したが、結局、海戦を優先することにした。それも奇襲戦法によって旅順のロシア艦隊をたたき、機先を制しようというのである。すでに海軍は明治三十六年十二月二十八日に平時の常備艦隊（司令長官・東郷平八郎中将。のち大将・元帥）編成を解いて、戦時編成に切り替えていた。艦隊は第一、第二、第三の三艦隊編成になり、このうちの第一艦隊（司令長官・東郷平八郎中将）と第二艦隊（司令長官・上村彦之丞中将）をもって連合艦隊が編成され、第一艦隊の東郷長官が連合艦隊司令長官を兼ねて統率していた。その東郷司令長官の連合艦隊が、宣戦布告を待たずに国交断絶と同時に出撃したのは予定の行動だったのである。

佐世保港に待機する東郷司令長官のもとに、東京の大本営から「封緘《ふうかん》命令」を携えた山下源太郎軍令部参謀が到着したのは二月五日であった。そして「夕刻五時を期して封緘命令を開け」という訓電が入る。中身は連合艦隊に出撃を命じる大命であった。

各隊の指揮官や艦長たちでふくれあがった「三笠」の長官公室。

東郷はただちに各司令官、艦長を旗艦「三笠」に召集した。六日の深夜午前一時、「三笠」から発光信号が放たれた。「各隊指揮官、艦長、旗艦に集まれ」の信号である。

かなり広い「三笠」の将官室はたちまち四十人を超える指揮官や艦長たちで立錐《りっすい》の余地もなくなった。

やがて長官室から出てきた東郷中将は、いつもの重い口調で口を開いた。

「大命が降りました」

東郷長官は続けた。

「日露の国交ここに断絶し、我は自由の行動を取ることになった。連合艦隊はただちに出動、敵の第二艦隊（太平洋艦隊）を撃滅すべし。われわれが今日まで夜となく昼となく訓練に訓練を重ねてきたのは、今日に応ぜんがためである。ここに一同の勇戦奮闘を望み、前途の成功を期して盃《さかずき》を挙げる」

待ちに待った大命が降りたのだ。室内は水を打ったような静寂につつまれていた。乾杯はシャンペンであった。

日露の緒戦、仁川沖海戦

二月六日の早朝、戦艦六隻、巡洋艦十四隻、水雷艇三十五隻からなる連合艦隊は佐世保

を出港、一路旅順に向かった。そして翌七日、陸軍の先遣部隊を乗せた輸送船三隻を護衛する瓜生外吉少将率いる第四戦隊（巡洋艦五隻、水雷艇八隻）は、主力と分かれて韓国の仁川港を目指した。

瓜生部隊の任務は、陸軍第十二師団の先遣部隊の仁川上陸作戦を支援することと、中立港である仁川に停泊しているロシアの一等巡洋艦「ワリャーグ」と砲艦「コレーエツ」の攻撃、そしてこの両艦監視のために同港に残っている巡洋艦「千代田」を艦隊に収容することであった。

その「千代田」艦長村上格一大佐（のち大将）に日露国交断絶の至急電が届いたのは二月五日だった。さらに第四戦隊に合流するため、七日、夜陰に乗じて密かに仁川港を脱出せよという命令が届いた。村上艦長は七日の真夜中午後十一時半、「千代田」の目の前に停泊しているロシア艦に悟られないようそっと錨《いかり》を揚げて仁川港を後にした。

巡洋艦「浪速」を旗艦とする瓜生少将の第四戦隊が仁川沖に到着したのは八日の明け方であった。そして「千代田」を戦隊に収容するや、仁川港突入をはかった。

敵艦の目前で二千名を越える完全武装の戦闘員を上陸させることは無謀には違いない。加えて仁川は遠浅の上、何の揚陸設備もない。よもや中立港の仁川でロシア艦が上陸中の日本軍に攻撃を仕掛けてくることはあるまいが、その可能性は残されている。だが、港内での戦闘行為は大本営から堅く禁じられていた。

「千代田」の情報によれば、仁川港にはロシア艦の他、ロシアの商船「スンガリー」をはじめ、イギリス、フランス、イタリア、アメリカ、韓国などの艦艇が停泊しているという。

そこで瓜生少将は、仁川港の入口から八浬《かいり》（約十五キロ）離れた八尾島という小島を東西に貫いた仮の線を引き、その線より以北を仁川港内と定め、線の以南でロシア艦に遭遇した場合は撃沈することを各艦に命じた。

二月八日午後四時二十分、第十二師団の先遣隊二千余名を乗せた三隻の輸送船を護衛する第四戦隊は仁川港に向かった。そして艦隊

連合艦隊の戦時編成

第1艦隊　司令長官・東郷平八郎中将　参謀長・島村速雄大佐
第1戦隊（司令官・梨羽時起少将　参謀・塚本善五郎少佐）
戦艦＝■三笠、朝日、富士、八島、敷島、●初瀬
第3戦隊（司令官・出羽重遠少将　参謀・山路一善少佐）
巡洋艦＝●千歳、高砂、笠置、吉野
通報艦＝龍田
第1駆逐隊（司令・浅井正次郎大佐）
駆逐艦＝▲白雲、朝潮、霞、暁
第2駆逐隊（司令・石田一郎中佐）
駆逐艦＝▲雷、朧、電、曙
第3駆逐隊（司令・土屋光金中佐）
駆逐艦＝▲薄雲、東雲、漣
第1水雷艇隊（司令・関　重孝少佐）
▲第69号、第67号、第68号、第70号

第2艦隊　司令長官・上村彦之丞中将　参謀長・加藤友三郎大佐
第2戦隊（司令官・三須宗太郎少将　参謀・松井健吉少佐）
巡洋艦＝■出雲、吾妻、浅間、八雲、常磐、●磐手
第4戦隊（司令官・瓜生外吉少将　参謀・森山慶三郎少佐）
巡洋艦＝●浪速、明石、高千穂、新高
通報艦＝千早
第4駆逐隊（司令・長井群吉中佐）
駆逐艦＝▲速鳥、春雨、村雨、朝霧
第5駆逐隊（司令・真野巌次郎中佐）
駆逐艦＝▲陽炎、叢雲、夕霧、不知火
第9水雷艇隊（司令・矢島純吉中佐）
▲蒼鷹、鴿、雁、燕
第20水雷艇隊（司令・荒川忠吾少佐）
▲第62号、第63号、第64号、第65号
付属特務艦船＝仮装巡洋艦など17隻

■は司令長官旗艦　●は司令官旗艦　▲は司令艦艇

第3艦隊の戦時編成

◎司令長官・片岡七郎中将　参謀長・中村静嘉大佐
第5戦隊（司令官欠・今井兼昌大佐〈鎮遠艦長〉指揮官）
巡洋艦＝■厳島、鎮遠（2等戦艦）、橋立、松島
第6戦隊（司令官・東郷正路少将　参謀・吉田清風少佐）
巡洋艦＝●和泉、須磨、秋津洲、千代田
第7戦隊（司令官・細谷資氏少将　参謀・西　禎蔵少佐）
混合艦＝●扶桑（2等戦艦）、
海防艦＝海門、済遠
砲艦＝平遠、磐城、鳥海、愛宕、筑紫、摩耶、宇治
通報艦＝宮古
第10水雷艇隊（司令・大滝道助少佐）
▲第43号、第40号、第41号、第42号
第11水雷艇隊（司令・武部岸郎少佐）
▲第73号、第72号、第74号、第75号
第16水雷艇隊（司令・若林　欽少佐）
▲白鷹、第71号、第39号、第66号
付属特務艦船＝豊橋、有明丸

■は司令長官旗艦　●は司令官旗艦　▲は司令艦艇

佐世保を出撃し、前進根拠地の韓国の鎮海湾に集結した連合艦隊。左方から常磐・磐手・三笠・浅間・病院船・吾妻・朝日・富士・敷島の各艦。

が前記した八尾島の線上にさしかかったとき、港内を出てくる「コレーエツ」を発見した。

その日、旅順との連絡が途絶えてしまったソウル駐在のロシア公使は、機密の外交小包を巡洋艦「ワリャーグ」の艦長ヴェ・エフ・ルードネフ大佐に託した。そこで大佐は砲艦「コレーエツ」を旅順に向かわせることにし、「コレーエツ」は午後三時四十分に抜錨《ばつびょう》、港外に向かった。そして十五分後に接近してくる日本の艦隊を視認した。日露戦争における戦闘は、このときの日本の水雷艇の魚雷攻撃と「コレーエツ」の砲撃とで始まったのである。しかし、かろうじて日本の魚雷をかわした「コレーエツ」は、急転舵して仁川港に引き返した。

第四戦隊と輸送船隊は「コレーエツ」を追撃するように仁川港に向かって航行を続け、二月八日午後五時三十分、戦隊はロシア艦を睨み据えるように仁川の錨地に到着した。水雷艇の魚雷発射管は「ワリャーグ」の横っ腹に向けられた。

陸兵の揚陸作業は敵艦の目前で夜を徹して行われ、翌九日の午前六時ごろまでにはほぼ完了していた。揚陸作業を見きわめた瓜生少将は、ロシアの二艦に出港を促す通告書をルードネフ大佐に突きつけた。

「いまや日露両国は交戦状態にある。よって予は貴官に対し、麾下《きか》の兵力を率いて二月九日正午までに仁川港を退去されんことを要請す。もしこれに応ぜざる場合には、予は港内において貴国の軍艦に対し戦闘行為をとるの余儀なきに至るべし」

ルードネフ大佐は、この朝士官を集めて現状を説明し、これから日本艦隊の間を強行突破して旅順に向かうと伝えた。戦力の差は明らかで、勝ち目のないことは分かっていた。しかし戦わざるを得ない。もし突破できなかった場合は仁川港に引き返し、艦船を爆破して鹵獲《ろかく》を防ぐことも伝えた。こうして「ワリャーグ」と「コレーエツ」は日本が指定した正午三十分前に錨を揚げ、港外に向かったのである。

海上は南東の微風はあるが、波も穏やかだった。彼我《ひが》の距離が七千メートルに近づいたとき、日露両軍ほぼ同時に砲撃を開始した。「ワリャーグ」はたちまち炎につつまれ、艦は次第に傾きはじめていた。ルードネフ艦長は頭を負傷して血ダルマになりながら指揮を執っていたが、すでに千百五発の砲弾を撃ち尽くしていた。ルードネフ艦長は仁川港に引き返すことにし、左舷に傾いた艦を操りながら退却に入った。一時間にわたる戦闘で「ワリャーグ」は三十一名が戦死し、百九十名以上が負傷していた。「コレーエツ」は健在だったが、ルードネフ艦長にしたがった。

よたよたと港に戻った二隻のロシア艦は、戦死者と生存兵を全員上陸させ、艦を爆破することに決した。だが、ルードネフ艦長は爆破

の際に他国の艦艇に被害を及ぼすことを懸念し、「ワリャーグ」はバルブを開けて沈没させた。そして砲艦「コレーエツ」は自爆装置にスイッチが入れられ、二回の爆発音を残して「ワリャーグ」の後を追った。商船「スンガリー」にも火が放たれ、沈没していった。

上陸した二艦の生存兵は外国の艦艇に引き取られ、帰国の途についた。ちなみに「ワリャーグ」はのちに引き揚げられ、軍艦「宗谷」として日本海軍で長く活躍する。

駆逐隊の旅順港奇襲攻撃

旅順に向かった連合艦隊主力は八日夕刻、旅順の東方沖合約四十四浬《かいり》に浮かぶ円島（ラウンド島）の東南に到着した。午後六時、旗艦「三笠」に作戦開始の信号旗が上がった。ここで第一、第二、第三駆逐隊は旅順口に、第四、第五駆逐隊は大連湾に向かった。だが、大連湾に向かった駆逐隊は湾内に艦影がないため引き返し、本隊に合流した。

旅順港を目指す第一、第二、第三駆逐隊は八日の夜、縦列隊形で旅順を目指した。そして午後十時半ごろ、右舷艦首方向に青白い光芒が点滅するのを発見した。第一駆逐隊司令の浅井正次郎大佐は旅順港外にあるロシア艦隊の探照灯であろうと考えた。駆逐隊はその光芒を目標に突き進んだ。すると今度は左舷艦首方向に哨戒中らしいロシアの駆逐艦二隻が北東に向かっているのを発見した。

▲瓜生戦隊との海戦で大破した「ワリャーグ」は自沈措置が執られ、仁川港に沈んだ（英国従軍画家の絵）。

仁川沖海戦後、フランス巡洋艦「パスカル」に救助される「ワリャーグ」と「コレーエツ」の乗組員。

日露戦争の従軍画家

日露戦争には欧米から多くの観戦武官、従軍記者、カメラマン、画家たちが訪れた。日本からも初めて従軍写真班（大本営陸地測量部）が正式に作られて各軍に配置された。しかし当時の写真機の性能では動きの激しい戦闘場面の撮影などは不可能だったから、日本や海外の出版物は従軍画家が描いたイラストによって戦闘場面を読者に伝えた。

この本で「絵」と表記して掲載したイラストもその一つで、英国のキャッセル社が1904〜5年に刊行した全3巻の日露戦史『日本の自由のための戦い』から抜粋したものである。（カット写真は英「イラストレーテッド」紙の従軍画家メルトン・プライヤー）

浅井司令は艦尾灯を消して右方に変針した。このため第二駆逐隊の各艦は衝突をしたり、方向を見失ったりしてバラバラになってしまった。さらに第二駆逐隊が離散してしまったから、後続の第三駆逐隊も隊列を維持できなくなり、各駆逐隊は単独行動をとらざるをえなくなった。

一方、ロシアの駆逐艦を避けた第一駆逐隊は針路を戻し、旅順港を取り囲むようにそびえる山々の一つ、老鉄山《ろうてつざん》砲台の灯《あか》りを確認し、旅順港外泊地への進入に成功した。そして探照灯を放っているロシア艦隊を発見、浅井司令は攻撃命令を下した。この夜、旅順港内にはロシア太平洋艦隊の主力である戦艦七隻の他、装甲巡洋艦、巡洋艦、海防艦、輸送船など十六隻が四列に整然と並んで停泊していた。日本の駆逐隊が遭遇した駆逐艦「ベスストラーシヌイ」と「ラストローブヌイ」の二隻は哨戒のため外洋に出ていたが、港内に残った艦船内はいたってのんびりしていた。

旧正月であったこの日、旅順の中国人街は正月を祝う爆竹の音が朝から晩までつづき、終日にぎわいを見せていた。それも日没とともに静かになり、港内の各艦艇の乗組員も午後八時の祈禱《きとう》と讃美歌の合唱を済ませると静かに眠りについていた。

太平洋艦隊司令部の面々も、この夜、司令長官オ・ヴェ・スタルク中将の招待で陸上で夫人同伴の大夜会を催していた。そして夜遅く艦に戻り、旗艦「ペトロパブロフスク」でスタルク中将と各艦長の作戦会議を開き、午後十一時ごろ終えたところだった。会議のメンバーは日本と国交断絶したことは当然知っていたが、別れの挨拶で太平洋艦隊参謀長のヴェ・カ・ウィトゲフト少将は「戦争などありはしないさ」といいきった。彼には日本の艦隊が世界最強のロシア艦隊を攻撃するとは考えられなかったのである。

オ・ヴェ・スタルク中将

旅順口に向かって怒濤の中を突き進む連合艦隊主力。

ところが、スタルク中将をはじめとするロシア艦隊の艦長たちが別れの挨拶をしてから三十数分後、日本の駆逐隊は戦端の火ぶたを切ったのだ。まず九日の午前零時二十八分、第一駆逐隊の先頭艦「白雲」が第一撃の魚雷を放ち、後続艦も次々魚雷を放っていった。隊列がバラバラになった第二駆逐隊と第三駆逐隊の各艦もそれぞれ単独で港内進入に成功し、ロシア軍の探照灯砲撃の中、次々と魚雷発射に成功していた。

日本の駆逐隊の奇襲攻撃を受けたロシア艦隊側は混乱の極に達していた。ロシア側の記録では、日本軍は十六発の魚雷を発射し三発を命中させたという。その最初の一発が戦艦「レトヴィザン」に命中、爆発を起こさせた。全艦はあわてて砲門を開いたが、「レトヴィザン」は左舷の魚雷庫付近に穴があき浸水を始めていた。「ツェザレーヴィチ」も艦尾が裂けて浸水し、一六度も傾いてしまった。巡洋艦「パラーダ」は甲板と士官室が火の海になっていた。

日本側も二隻が被害を受けたが、奇襲作戦はひとまず成功であった。しかし目標も定まらぬ真夜中であったことや、いずれの艦艇も初戦であったことなどから、奇襲のわりには戦果は少なかった。ともあれ攻撃を終了した三駆逐隊は旅順港を脱出、韓国の北西岸に集合して翌十日に仁川港口付近に投錨した。

出羽重遠中将

平和そのもの、のんびりムードに包まれていた開戦直後の旅順港。

連合艦隊主力、旅順口に突入

駆逐隊が旅順港脱出に成功したとき、東郷司令長官自ら率いる連合艦隊主力は旅順口に迫っていた。この主力の事前偵察の任務を負った出羽《でわ》重遠《しげとう》中将率いる第三戦隊は九日早朝に旅順港外に達し、昨夜の駆逐隊の夜襲の模様とロシア艦隊の動静を探った。戦隊は朝靄《あさもや》の港口に近づいていった。林立するマストが目に入る。戦艦や巡洋艦と思われる大型の艦船が十二隻と砲艦、敷設《ふせつ》艦などが視認できた。

しかしロシア艦の中で煙突から煙を出しているのは数隻にすぎず、明らかに意気消沈していることが読みとれた。第三戦隊参謀の山路一善少佐(のち中将)は語っている。

「そうして、私どもの司令官・出羽閣下が、『今、第一戦隊がきて戦争したらいいんだがなあ……』とおっしゃられた。そこでただちに『敵の艦隊の状況は非常に意気沮喪しているから、本隊が速やかに来たって砲撃を加えられたい』という無電を送ったのであります」

東郷司令長官が直接率いる第一戦隊と第二戦隊は船脚《ふなあし》を早め、第三戦隊に合流すると午前十一時、旅順港口南東二十浬の地点で第一戦隊を先頭に単縦陣を作り、港口に向かって突き進んでいった。

距離八千五百メートル。港口に雑然と停泊しているロシア太平洋艦隊の艦船が目に入る。東郷司令長官は針路を西に変えると同時に砲撃開始を命じた。午後零時十二分、旗艦「三笠」の前部三十センチ砲が第一弾を放った。他の艦も一斉に砲門を開く。ロシア側の反撃も早かった。各艦艇の砲に加え、三カ所の陸上砲台も一斉に砲撃を開始してきた。

ロシア艦の多くは港口から動こうとしなかったが、巡洋艦「ノヴィーク」と「バヤーン」「アスコルド」は果敢に打って出た。戦艦「ペトロパブロフスク」も勇敢だった。だが、まもなく「バヤーン」は石炭庫と火薬庫に直撃弾を受けて大火災を起こし、「アスコルド」も損傷が激しくなっていた。

「ノヴィーク」も第二戦隊の「八雲」が発射した二十センチ砲弾が艦の中央で命中爆発したが、エヌ・オ・エッセン艦長はひるまなかった。エッセン艦長は単独で艦をそのまま進め、日本の艦隊との距離を三千五百メートル近くにまで縮めてきた。先行する日本の各艦は一回転して左舷と後部の砲門を一斉に開き、「ノヴィーク」に集中砲火を浴びせた。「ノヴィーク」は魚雷を発射しながら退却に移った。幸い「ノヴィーク」の魚雷は「常磐」と「磐手」の間を通り抜け、日本の艦艇に損害を与えることはできなかった。

こうして午前十一時すぎに始まった連合艦隊主力とロシア軍との砲撃戦は約一時間近く

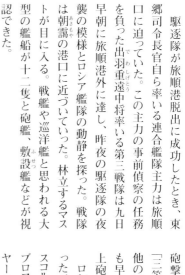

旅順口鳥瞰図。右端が港口。手前が旅順口要塞本部。上方が黄金山で、頂上に砲台がある。

続き、日本の艦隊が引き揚げたために止んだ。この戦闘でロシアは戦艦「ツェザレーウィチ」「レトヴィザン」「ペトロパブロフスク」、巡洋艦「バヤーン」「ジアーナ」「ノヴィーク」などが損害を受け、十四名の死者と七十一名の負傷者を出した。

日本の連合艦隊もまた旗艦「三笠」をはじめ「富士」「初瀬」「敷島」、巡洋艦「磐手」がかなりの損害を受けた。ことに「三笠」は数発の命中弾を受けて後部艦橋の一部が海中に落下してしまった。人的損害は死傷者合計五十八名で、そのうち戦死が四名、負傷者のうち二

開戦時のロシア太平洋艦隊（東洋艦隊）

艦　名	艦　種	排水量
ツェザレーウィチ	戦　艦	12,912
レトヴィザン	戦　艦	12,903
ポベーダ	戦　艦	12,674
ペレスヴェート	戦　艦	12,674
ペトロパブロフスク	戦　艦	10,960
セバストーポリ	戦　艦	10,960
ポルタワ	戦　艦	10,960
グロモボイ	装甲巡洋艦	12,359
ロシア	装甲巡洋艦	12,195
リューリック	装甲巡洋艦	10,936
バヤーン	装甲巡洋艦	7,726
パラーダ	巡洋艦	6,731
ジアーナ	巡洋艦	6,731
ボガチール	巡洋艦	6,675
ワリャーグ	巡洋艦	6,500
アスコルド	巡洋艦	5,905
ノヴィーク	巡洋艦	3,080
ボヤーリン	巡洋艦	3,200
アッワージヌイ	装甲海防艦	1,492
グレミヤシチー	装甲海防艦	1,492
ラズボニック	海防艦	1,334
ジギード	海防艦	1,334
ザビヤーカ	海防艦	1,236
マンジュール	砲　艦	1,224
コレーエツ	砲　艦	1,213
ギリヤーク	砲　艦	963
シューチ	砲　艦	950
ボーブル	砲　艦	950
フサードニク	砲　艦	400
ガイダマーク	砲　艦	400
アムール	水雷母艦	2,590
エニセーイ	水雷母艦	2,590

艦　名	艦　種	排水量
ブルーヌイ	駆逐艦	350
ポエヴォイ	駆逐艦	350
ウヌシテリーヌイ	駆逐艦	315
ウィノスリーヴィ	駆逐艦	315
ヴニマーチョリヌイ	駆逐艦	315
グロゾヴォイ	駆逐艦	312
ウラーストヌイ	駆逐艦	312
レーテナント・ブラーコフ	駆逐艦	250
ベスポシチャードヌイ	駆逐艦	250
ベスストラーシヌイ	駆逐艦	250
ベスシュームヌイ	駆逐艦	250
ボイキー	駆逐艦	250
レシッテリヌイ	駆逐艦	240
シーリヌイ	駆逐艦	240
ラジアシチー	駆逐艦	240
ラストローブヌイ	駆逐艦	240
ストラーシヌイ	駆逐艦	240
ストローイヌイ	駆逐艦	240
ストロージェウイ	駆逐艦	240
ステレグーシチー	駆逐艦	240
セルジーツイ	駆逐艦	240
スメールイ	駆逐艦	240
スコールイ	駆逐艦	240
スタートヌイ	駆逐艦	240

〔注〕艦名の日本語訳は資料によりまちまちなので、表音に近い形で使用した。排水量も日露の資料により若干異なるが、ここでは上記を使用した。

▶2月9日昼過ぎ、旅順港外に達した連合艦隊主力は初の砲撃を開始した。

▼日本艦隊に向かって果敢に打って出た「アスコルド」だったが、日本戦艦の30センチ砲の直撃弾をくらって煙突上部が倒壊してしまった。

名は後に死亡した。

この初戦で連合艦隊は奇襲には成功した。だが、ロシア艦隊を壊滅状態に追い込むという目的は達せられず、以後、八回におよぶ旅順口攻撃を強いられることになる。

旅順口に単独突入する駆逐隊

初の旅順港口攻撃を行った連合艦隊主力

は、翌二月十日午後、韓国の仁川港沖に投錨し、瓜生少将の第四戦隊、夜襲を敢行した駆逐隊と合流した。明治天皇が宣戦の詔《しょう》勅《ちょく》を発し、ロシアに対して宣戦布告をしたのはこの日だった。そしてロシアもまた日本に宣戦布告をし（九日）、ここに日露両国は正式に交戦状態に入った。

翌二月十一日、連合艦隊は旅順のロシア艦隊への二回目の攻撃命令を出した。一日も早く旅順のロシア艦隊を撃滅し、黄海の制海権を手にしなければ陸軍部隊の輸送も、軍需物資の輸送も安全に行うことができない——東郷司令長官の決意の現れだった。

出羽少将の第一艦隊第三戦隊を中心に第二艦隊の第四、第五駆逐隊で編成された攻撃隊は十一日の夕方、仁川沖を出発して旅順に向かった。海上は折からの吹雪で大荒れだった。駆逐艦は木の葉のように翻弄《ほんろう》され、第三戦隊の巡洋艦をはじめ各艦艇は船体が氷につつまれて航行困難になってしまった。

当時の駆逐艦は、大型艦をそろえた第四駆逐隊の「春雨」「速鳥」クラスでも排水量は三七五トンで、第五駆逐隊の「陽炎」クラスになると二七九トンしかない。現在の艦艇から見ればせいぜい水雷艇の大きさだ。出羽司令官は、これ以上の進撃は困難と判断し、第三戦隊と第五駆逐隊は仁川沖に引き返した。だが、第四駆逐隊の「春雨」「速鳥」「朝霧」の三艦は風浪

のために艦隊から離ればなれになり同行できなかった。

「朝霧」は乗組員の必死の操船で吹雪の海上を旅順に向かった。そして二月十四日午前三時ごろ港口に達した。港口に碇泊しているロシア艦が発砲を開始した。「朝霧」はその砲火を目印に暗夜の海上を忍び寄り、午前五時四十分、まず砲撃を開始し、続いて魚雷発射に成功した。相手はロシア義勇艦隊の「カザン」であった。やや遅れて港口突入に成功した「速鳥」も、二隻のロシア艦を視認して魚雷攻撃をかけた。最初の相手はロシア太平洋艦隊の旗艦「ペトロパブロフスク」だった。

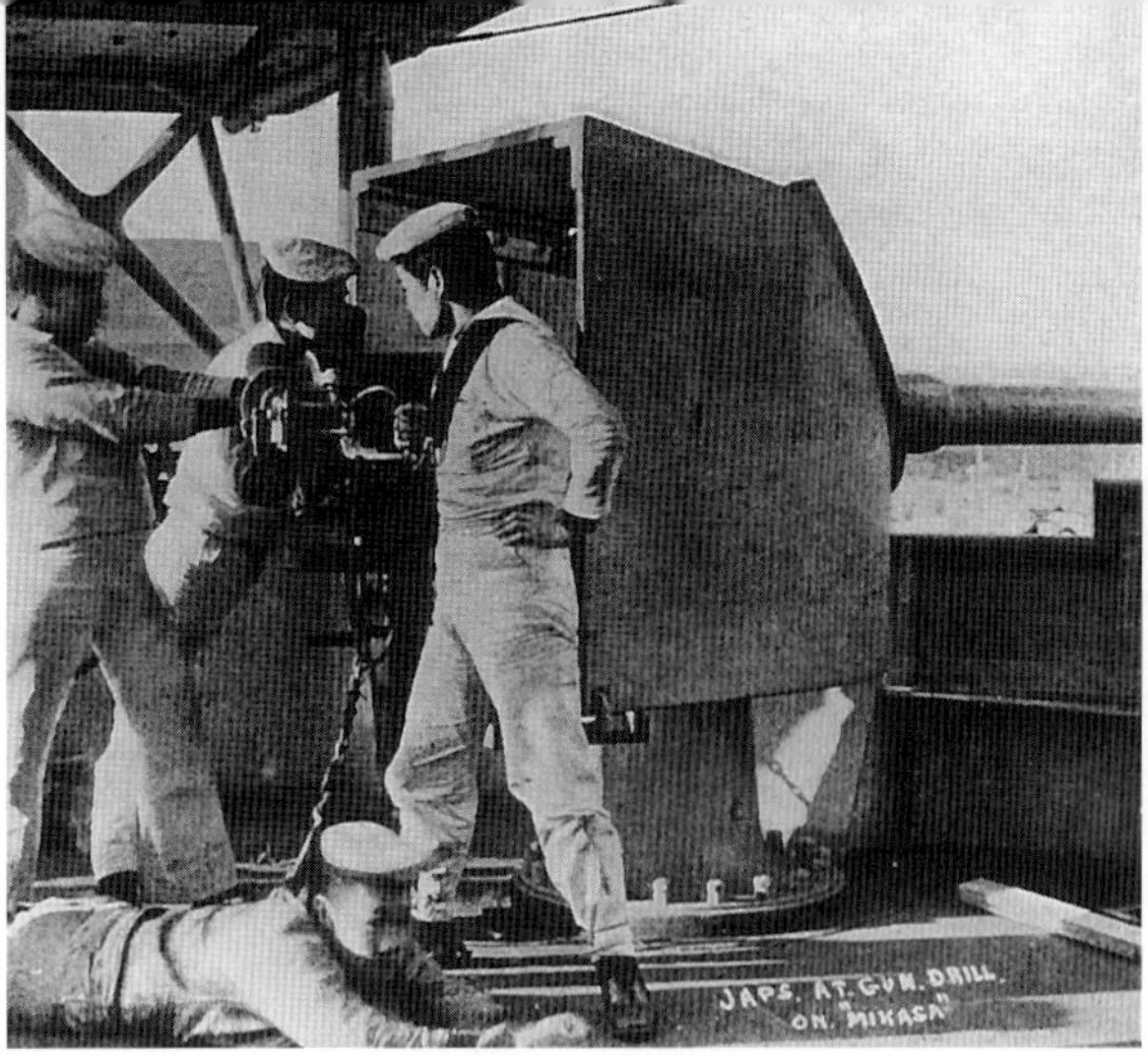

ロシア艦隊に向かって発射する戦艦「三笠」の副砲（15・2センチ砲）。

しかし駆逐隊の二回にわたる果敢な攻撃も、思うような戦果は上げられなかった。ロシア艦隊はいぜんとして健在であるし、制海権は五分五分である。おまけにロシア艦隊は港内から動こうとしない。外洋におびき出して決戦を挑み、一挙に壊滅に追い込むという当初の計画は早くも棚上げ状態になってしまった。

日本艦隊の攻撃を受けた旅順では、アレクセーエフ総督が会議を開いていた。そこで決められた当面の作戦方針は、ヨーロッパから増援の艦隊が到着するまで旅順の戦艦はできるだけ温存し、港外に出るのは巡洋艦と水雷艇だけとする。大連の防衛は防御機雷の敷設に限る。旅順港も日本艦艇の侵入を防ぐために港口から港外にかけて機雷を敷設する、ということだけだった。

このロシア側の消極的な防衛策は日本にとってははなはだまずい。港内のロシア艦隊を壊滅に追い込むチャンスが生まれてこないからである。連合艦隊司令部の中には次第に焦りの色が漂いはじめていた。そこに出てきたのが「旅順港口閉塞《へいそく》作戦」であった。敵が外洋に出てこないのなら、港の入口を塞《ふさ》いで港内に閉じ込めてしまえというのである。

旅順口閉塞作戦

俗に旅順港口といわれるのは老虎尾半島の突端と対岸の黄金山山麓までの水路の入り口で、その幅は約二百七十メートルある。そのうち大型艦船が航行できる幅はわずか九十一メートルにすぎない。この九十一メートルの港口部に順次船を沈めれば、ロシアの大型艦は外洋に出られなくなる。さらにヨーロッパから増援されるであろうバルチック艦隊も港内に入れなくなるというのだ。その方法は、古くなった貨物船などに海軍の決死隊員が乗り込み、暗闇をついて旅順港口に進入し、爆破して沈め、隊員は待機している水雷艇に移乗して脱出するというものである。

連合艦隊参謀の有馬良橘《りょうきつ》中佐の意見具申によるといわれるこの閉塞作戦は、すでに開戦前から軍令部で検討・研究されていた。しかし作戦の実施には多大な犠牲が予測される。そこで東郷司令長官は二月十八日、旅順港口閉塞作戦を発令すると同時に閉塞隊員を募集した。敵艦と敵砲台の目前で行う危険な作業であり、生還は期しがたい。いかに軍事作戦とはいえ、一片の命令で隊員を選ぶわけにはいかなかったからである。ところが、またたくまに二千人を超える志願者が出た。中には採用を懇願し、血書をしたためて提出する者もい

旅順口全景図。

たし、艦長の前で涙を流して採用を訴えた者もいた。選抜に困った艦長たちは「志《し》操《そう》が堅固で技術が優等、品行方正で、かつ家族や係累《けいるい》の少ない者から選ぶ」という基準を作り、やっとのことで六十七名の隊員を人選した。総指揮官には提案者の有馬中佐が就《つ》いた（第一回閉塞隊編成表参照）。

二月二十日午前八時半、五隻の閉塞隊は連合艦隊に護られて仁川港近くの八口浦を出発した。連合艦隊は、この閉塞作戦に呼応して第三次旅順港攻撃を行うことにし、再び第三戦隊と第四、第五駆逐隊が出動し、続いて第一、第二戦隊も閉塞隊を追った。

二十三日の朝十時、各隊は海上で主力戦隊と合流し、二十余隻の艦隊は午後五時すぎに遼東半島東岸沖の円島付近に達した。ここで閉塞隊は主力部隊と分かれ、真野巌次郎中佐率いる第五駆逐隊に先導されて旅順に向かった。作戦終了後の閉塞隊員を収容する桜井吉丸少佐の第十四艇隊が後に続いた。

二十四日午前一時半、閉塞隊は旅順港外に到達し、老鉄山の山陰に隠れて突入時期をうかがった。そして残月が渤海湾に姿を消した午前四時十五分、五隻の閉塞隊は嚮導船「天津丸」を先頭に一挙に突入をはかった。ところが老鉄山の東端を回り、饅頭山の下にさしかかるや突然四基の探照灯に追われた。探照灯はさらに増え、閉塞隊の進路をさえぎった。港口を取り囲む山上砲台の各種砲が一斉に砲撃を開始したのはそのときだった。しかし閉塞隊は遮二無二突き進んだ。

探照灯の光は強烈だった。指揮官も操舵手も正視できないほどで、このため針路を誤った有馬中佐指揮の「天津丸」は老鉄山の東海岸に座礁してしまった。有馬中佐はやむをえずその場で「天津丸」を爆破、沈没させた。

二番船「報国丸」は座礁した「天津丸」から「面舵《おもかじ》を取れ」との注意を受けたため、ただちに右に回頭して港口に進んだ。すぐ後ろにいた「仁川丸」も「報国丸」にならって右回頭し、港口に突き進んだ。五番船「武州丸」は「天津丸」と四番船「武揚丸」の間を通過し、さらに船首を左に回そうとしたときロシアの砲弾が命中して舵機を破壊され、これまた予定の位置に到達する前に爆沈した。この「武州丸」の

第1回閉塞隊編成表

船　名	排水量(屯)	指揮官・機関長	隊員
天津丸	2,942	中　佐・有馬　良橘 大機関士・山賀　代三	14名
報国丸	2,766	少　佐・広瀬　武夫 大機関士・栗田富太郎	16名
仁川丸	2,331	大　尉・斎藤七五郎 大機関士・南沢　安雄	19名
武揚丸	1,163	大　尉・正木　義太 中機関士・大石　親徳	14名
武州丸	1,249	中　尉・島崎　保三 少機関士・杉　　政人	14名

旅順口の周囲には強力な永久砲台が築かれ、敵艦の侵入を阻止しようと砲口を並べていた。写真は城頭山砲台。

第1回旅順口閉塞船「報国丸」乗組員。前列右から3人目が広瀬武夫少佐。

爆沈を見た「武揚丸」は、そこが港口と思い込み、「天津丸」が沈没した外側約四百メートルの位置に投錨、自沈した。

「報国丸」と「仁川丸」は沿岸砲台と港口水道に在った戦艦「レトヴィザン」の砲撃にさらされていた。広瀬少佐の「報国丸」は炎につつまれ、マストは折れ、操舵索も切断されてしまった。加えて爆沈させる火薬への点火線も切られている。ところが幸か不幸か「レトヴィザン」の放った一弾が再び命中し、爆沈用の火薬を誘爆させた。「報国丸」は予定地点にほど近い港口の灯台下に沈没した。

「報国丸」の後から進んでいた「仁川丸」は、港口に突入しようとしたとき、沈没船らしい物が船底に接触して航行ができなくなったため、その場で爆沈された。

海上は東北の風が強く、波濤は猛り狂っていた。脱出する閉塞隊員を乗せた小さなカッターは、木の葉のように翻弄されている。その閉塞隊員を収容する水雷艇隊は、ロシア軍の砲撃と激浪の中で必死の救援活動をしていた。そして天津・報国・武揚の三船の乗組員はすべて収容できたが、「仁川丸」と「武州丸」の乗組員はついに水雷艇隊と遭遇することができなかった。二十九名の隊員は四日間も海上を漂い、二月二十七日に中国の帆船に救助されて根拠地に帰還したのだった。

「軍神」を生んだ第二回閉塞作戦

第一回閉塞作戦はロシア軍の予想を上回る反撃のため目的が達せられなかった。ロシア艦隊はまだ健在だし、出入りも自由である。

東郷司令長官は閉塞作戦を実施した翌二十五日、連合艦隊主力を率いて旅順に引き返し、たまたま港外へ偵察行動に出ていた巡洋艦「バヤーン」「アスコルド」「ノヴィーク」と砲撃戦を展開した。距離一万二、三千メートルの砲撃戦だったが、三艦とも多少の損傷を被ったものの

致命傷にはいたらずに港内へ逃げ帰った。

このとき出羽少将の第三戦隊は、老鉄山南方から港口に向かって帰港して行く二隻の駆逐艦を発見した。偵察行動に出ていた「ベストラーシヌイ」と「ウヌシテリーヌイ」である。快速を誇る巡洋艦「吉野」が砲撃を加えながら「ベストラーシヌイ」を追った。「千歳」「高砂」「笠置」は「ウヌシテリーヌイ」を追い、老鉄山山麓の鳩湾に追いつめて一斉砲撃を加えた。「ベストラーシヌイ」はどうにか湾内に逃げのびたが、「ウヌシテリーヌイ」はまもなく沈没し、乗組員の多くが戦死した。

これが日本でいう第三次旅順攻撃である。連合艦隊は三月に入ってからも第四次、第五次と小刻みに旅順港口攻撃を行った。しかし決定的打撃は与えられなかった。望みは第二次の閉塞作戦に託された。

軍令部によって用意された閉塞船は海軍運送船四隻で、呉海軍工廠で昼夜兼行で準備が整えられた。指揮官は経験を生かすために第一次参加者の中から主に選ばれたが、隊員はすべて新志願者の中から選ばれた。東郷長官は、同じ人間を二度までも死の恐怖にさらすのをよしとしなかったのである。

ロシアの沿岸砲台からの探照灯に照らし出されて
攻撃を受ける閉塞船「報国丸」と「仁川丸」(絵)。

旅順口の老虎尾半島前に沈んだ閉塞船。

再び総指揮官になった有馬良橘中佐に率いられた第二次閉塞隊は、出羽少将の第三戦隊に護衛されて三月二十六日午前二時四十分、韓国の巡威島錨地を出発し、二十七日午前二時三十分、老鉄山南方海域に到達した。海上は雲が深く文字通りの闇夜であった。潜入にはうってつけの条件である。閉塞隊は「千代丸」を先頭に「福井丸」「弥彦丸」「米山丸」の順で港口に突進していった。

だが、第一回と同じく今度も沿岸砲台からは探照灯が照射され、艦艇も加わった一斉砲撃が開始された。第一回目のときと違い、スタルク中将に代わって赴任したばかりの太平洋艦隊司令長官エス・オ・マカロフ中将は積極的で、駆逐艦（水雷艇）を待機させて日本軍の突入を待っていたのだ。

まず一番船「千代丸」が砲撃にさらされて炎上し、黄金山山麓の海岸近くに爆沈した。広瀬武夫少佐の「福井丸」は、この「千代丸」のやや前方に進んで投錨、自ら爆沈しようとした。指揮官付将校の杉野孫七上等兵曹は爆薬に点火しようと船艙に駆け降りた。まさにそのときロシアの駆逐艦「シーリヌイ」が発射した魚雷が船腹に命中、「福井丸」は沈みはじめた。三番船「弥彦丸」は「福井丸」のさらに左に出て投錨、爆沈に成功した。一番最後に突入

生還した閉塞船「福井丸」の決死隊員と戦死者の棺。前列右端の水兵が手にしているのは、向かって左の大きな箱には広瀬少佐の肉片が、右の小さい箱には杉野兵曹長の遺髪が収められている。中央のスノコに横たわっているのは負傷した栗田大機関士。

第2回閉塞隊編成表

船　名	排水量(屯)	指揮官・機関長	隊員
千代丸	3,778	中　佐・有馬　良橘 大機関士・山賀　代三	17名
福井丸	4,000	少　佐・広瀬　武夫 大機関士・栗田富太郎	18名
弥彦丸	4,000	中　尉・森　初次 大機関士・小川　英雄	15名
米山丸	3,745	大　尉・正木　義太 機関長なし	15名

東京で盛大に行われた広瀬中佐(死後昇進)の国葬。遺体を砲車に乗せて斎場に向かう。

した「米山丸」は、「福井丸」と沈没した「千代丸」の中間に船を進め、港口水道の中央に出て投錨しようとした。そのとき「レシッテリヌイ」の放った魚雷が命中し、同船は惰力で海岸近くまで走って沈没した。

ロシア軍の銃砲弾は、まだ姿をとどめている「福井丸」に集中された。広瀬少佐は総員退船を命じ、乗組員はカッター(端艇)に乗り移った。しかし杉野兵曹の姿がない。少佐は船内を捜し回った。船は傾き、沈み始めている。

「杉野！　杉野！」

少佐は繰り返し叫んだ。返事はない。船は沈度を深め海水が甲板を洗っている。少佐は涙ながらにカッターに乗り移った。沿岸砲台と港内の艦艇から撃ち出される砲弾は休むことなく落下している。少佐はカッターを進発させた。直後、一弾がカッターを襲った。砲弾は広瀬少佐の頭部を直撃し、その姿は跡形もなく消え失せていた。艇内に残されたのは二銭銅貨大の肉片だけだった。この砲撃で乗組員がさらに二名戦死し、栗田富太郎大機関士以下三名も重傷を負った。第二回閉塞隊の損害は、これら「福井丸」の死傷も合わせ合計十五名におよんだ。

のちに広瀬少佐は中佐に特進し、「軍神」として国民に広くアピールされた。そして、杉野兵曹の捜索の場面は歌にも唄われ、歌詞の「杉野は何処《いずこ》、杉野は何処」の一節は流行語にもなった。

こうした犠牲を払っての第二回閉塞作戦だったが港口を塞ぐことはできず、連合艦隊はさらに七次、八次と攻撃を繰り返す。しかし決定打を与えることはできなかった。

東郷長官は大本営に第三次閉塞作戦を要望した。大本営はこれ以上の船舶の消費は以後の輸送に支障をきたすと渋るが、結局、東郷の要望をのんで十二隻の閉塞船を用意する。こうして第三回閉塞作戦は五月二日夜に決行されるのだが、それはまだ先のことである。

第3章

日本軍苦闘の進撃
鴨緑江、金州・南山総攻撃

日韓議定書締結で韓国への駐留権確保

二月八日の夜、瓜生外吉少将の第三戦隊に護衛されて仁川に上陸した陸軍の先遣部隊は、木越安綱少将（第二十三旅団長）率いる韓国臨時派遣隊である。第一軍隷下《れいか》第十二師団の部隊で、小倉の歩兵第十四、第四十七連隊、福岡の歩兵第二十四連隊、久留米の歩兵第四十八連隊の各連隊から一個大隊ずつを抽出して編成された二千二百五十二名だった。

徹夜で揚陸作業を完了させた木越部隊は、ただちに兵を進めて二月九日にはソウル（京城）に入り、以後の作戦根拠地を確保した。この臨時派遣隊のソウル進駐と海軍の仁川沖海戦の勝利は、韓国政府と在韓ロシア公使にショックを与えた。ロシアのパヴロフ公使は驚《きょう》愕《がく》し、即座に公使館員のソウル撤退を決め、十二日に護衛兵とともにフランス軍艦で芝罘《チーフー》に向かった。日本にとっては難問が一つ解決したことになり、まことに好都合だった。

残るは韓国との条約締結である。日本は前年の明治三十六年（一九〇三）末から日露の交渉不成立を前提に、韓国に保護協約もしくは攻守同盟的な条約の締結を迫っていた。当然のことであるが、韓国は日本が求める不平等条約を嫌い、局外中立を宣言（一月二十一日）することによって国難を切り抜けようとしていた。そのため日韓の交渉は進まず、ついに日露の開戦を迎えてしまった。日本政府はロシアに宣戦布告をした二月十日、林権助公使を特命全権公使に任命して韓国との最終交渉に入らせた。しかし韓国は調印に応じようとはしなかった。

韓国政府の中立宣言はイギリス、フランス、

仁川に上陸した陸軍の先遣部隊はただちにソウルに向かって兵を進めた。

ロシアのパヴロフ公使は夫人や公使館員にソウル撤退を命じ、フランス軍艦「パスカル」で芝罘に脱出すべく仁川埠頭に馳せ参じた。

主力が勢揃いした第1軍は、ロシア軍の勢力下にある平壌（写真上方）を攻略するため部隊を集結させた。

ドイツ、イタリア、デンマーク、それに清国から承認された。しかし中立を維持するには他国の侵略から国土と国民を守る防衛力を備えているか、中立宣言を承認した第三国の援助によって侵略を阻止する態勢を築かなければ意味がない。韓国には、この二つともなかった。やがて韓国には日本軍が大挙上陸してロシアとの戦闘に入るのだが、韓国には日本軍を阻止する軍事力はもちろんなく、また韓国の中立を承認した西欧各国も日本軍の上陸を黙認して、なんらの行動も起こさなかった。

日本の大本営は宣戦布告と同時に黒木為楨大将を軍司令官とする第一軍主力に出動を命じた。第一軍の当面の目的は、韓国の北部に上陸を敢行して鴨緑江岸のロシア軍を駆逐し、大孤山《だいこざん》から金州にかけて上陸を予定している第二軍の作戦を容易ならしめるというものであった。

第一軍が上陸地点に選んだのは平壌を流れる大同江河口の鎮南浦《ちんなんぽ》だった。しかし大同江一帯が結氷していたため、第一軍主力の第一陣を担う第十二師団が仁川に上陸を開始したのは二月十二日であった。中立宣言を無視したこの第一軍の上陸は韓国に大変な軍事圧力となり、なす術《すべ》のない韓国は二月二十三日、ついに日本が要求する日韓併合の第一歩となる「日韓議定書」に調印せざるを得なくなったのだった。

陸軍常備団隊配置表【明治32年現在。（　　）は所在地】

師団	旅団	歩兵連隊	その他の部隊
近衛師団（東京）	近衛第1（東京）	近衛第1（東京） 近衛第2（東京）	騎兵連隊、野戦砲兵連隊 工兵大隊、輜重兵大隊
	近衛第2（東京）	近衛第3（東京） 近衛第4（東京）	（いずれも東京）
	騎兵第1（習志野）		騎兵第13連隊（習志野） 騎兵第14連隊（習志野）
	砲兵第1（東京）		砲兵第13連隊、第14連隊 第15連隊（いずれも東京）
第1師団（東京）	第1（東京）	歩兵第1（東京） 歩兵第15（高崎）	騎兵連隊（東京） 野戦砲兵連隊（国府台）
	第2（東京）	歩兵第2（佐倉） 歩兵第3（東京）	工兵・輜重兵大隊（東京） 東京湾要塞砲兵連隊（横須賀）
	騎兵第2（習志野）		騎兵第15連隊（習志野） 騎兵第16連隊（習志野）
	砲兵第2（国府台）		砲兵第16・17連隊（国府台） 砲兵第18連隊（下志津）
第2師団（仙台）	第3（仙台）	歩兵第4（仙台） 歩兵第29（仙台）	騎兵連隊（仙台） 野戦砲兵連隊（仙台）
	第15（新発田）	歩兵第16（新発田） 歩兵第30（村松）	工兵大隊（仙台） 輜重兵大隊（仙台）
第3師団（名古屋）	第5（名古屋）	歩兵第6（名古屋） 歩兵第33（名古屋）	騎兵連隊（名古屋） 野戦砲兵連隊（名古屋）
	第17（豊橋）	歩兵第18（豊橋） 歩兵第34（静岡）	工兵大隊（名古屋） 輜重兵大隊（名古屋）
第4師団（大阪）	第7（大阪）	歩兵第8（大阪） 歩兵第37（大阪）	騎兵連隊・野戦砲兵連隊（大阪） 輜重兵大隊（大阪）
	第19（伏見）	歩兵第9（大津） 歩兵第38（伏見）	工兵大隊（伏見） 由良要塞砲兵連隊（由良・深山）
第5師団（広島）	第9（広島）	歩兵第11（広島） 歩兵第41（広島）	騎兵連隊・野戦砲兵連隊（広島） 工兵大隊・輜重兵大隊（広島）
	第21（山口）	歩兵第21（浜田） 歩兵第42（山口）	呉要塞砲兵連隊（広島） 芸予要塞砲兵大隊（忠海）
第6師団（熊本）	第11（熊本）	歩兵第13（熊本） 歩兵第45（鹿児島）	騎兵連隊・野戦砲兵連隊（熊本） 工兵大隊・輜重兵大隊（熊本）
	第23（大村）	歩兵第23（熊本） 歩兵第46（大村）	佐世保要塞砲兵連隊（佐世保・長崎）
	対馬警備隊	歩兵大隊（厳原）	対馬要塞砲兵大隊（鶏知）
第7師団（旭川）	第13（旭川）	歩兵第25（札幌） 歩兵第26（旭川）	騎兵連隊（旭川） 野戦砲兵連隊（旭川）
	第14（旭川）	歩兵第27（旭川） 歩兵第28（旭川）	工兵大隊・輜重兵大隊（旭川） 函館要塞砲兵大隊（函館）
第8師団（弘前）	第4（弘前）	歩兵第5（青森） 歩兵第31（弘前）	騎兵連隊（弘前） 野戦砲兵連隊（弘前）
	第16（秋田）	歩兵第17（秋田） 歩兵第32（山形）	工兵大隊（弘前） 輜重兵大隊（弘前）
第9師団（金沢）	第6（金沢）	歩兵第7（金沢） 歩兵第35（金沢）	騎兵連隊（金沢） 野戦砲兵連隊（金沢）
	第18（敦賀）	歩兵第19（敦賀） 歩兵第36（鯖江）	工兵大隊（金沢） 輜重兵大隊（金沢）
第10師団（姫路）	第8（姫路）	歩兵第10（姫路） 歩兵第40（鳥取）	騎兵連隊（姫路） 野戦砲兵連隊（姫路）
	第20（福知山）	歩兵第20（福知山） 歩兵第39（姫路）	工兵大隊・輜重兵大隊（姫路） 舞鶴要塞砲兵大隊（舞鶴）
第11師団（善通寺）	第10（松山）	歩兵第22（松山） 歩兵第44（高知）	騎兵連隊（善通寺） 野戦砲兵連隊（善通寺）
	第22（善通寺）	歩兵第12（丸亀） 歩兵第43（善通寺）	工兵大隊（善通寺） 輜重兵大隊（善通寺）
第12師団（小倉）	第12（小倉）	歩兵第14（小倉） 歩兵第47（小倉）	騎兵連隊（小倉） 野戦砲兵連隊（小倉）
	第24（久留米）	歩兵第24（福岡） 歩兵第48（久留米）	工兵大隊・輜重兵大隊（小倉） 下関要塞砲兵連隊（下関）

この「日韓議定書」の第四条には「第三国の侵害により、もしくは内乱のため、大韓帝国の皇室の安寧《あんねい》或は領土の保全に危険ある場合は、大日本帝国政府はすみやかに臨機《りんき》必要の措置を取るべし。而《しこう》して大韓帝国政府は右大日本帝国政府の行動を容易ならしむるため、十分便宜を与えること。大日本帝国政府は前項の目的を達するため、軍略上必要の地点を臨機収用することを得ること」とあり、以後の日本軍は〝合法的〟に韓国国内に駐留し、軍事作戦を展開できることになった。同時に、韓国国内に駐留している第三国、すなわちロシアの軍隊は「大韓帝国の皇室の安寧或は領土の保全に危険ある」存在として、「大日本帝国政府は速かに臨機必要の措置を取る」ことができるとされたのである。日本政府が韓国との協定締結を急いでいた理由の一つはここにあったのである。

黒木第一軍の進撃開始

日露戦争開戦時の陸軍兵力は別掲の表のように近衛師団を含めて十三個師団あった。その師団を構成する戦時編成の歩兵連隊定員は准士官を含む将校が六十九名、下士官二百六名、そして一般隊員は二千四百名（平時編成は千八百名）とされていた。ここに連隊配属

第1軍司令官黒木大将（左）と名参謀長といわれた藤井少将。

の輜重兵などが加わるから、戦場の連隊は二千九百名前後になる。よって一個師団の兵員は約一万一千六百名という大部隊である。

第一陣に続いて第十二師団の後続部隊も続々と上陸、北上を開始した。濃紺の外套《がいとう》に白い甲《こう》がけ脚絆《きゃはん》を着け、背嚢《はいのう》と銃剣を背負った無数の兵隊たちを、韓国市民は複雑な思いで見つめていた。

臨時派遣隊の二大隊がソウルに進駐した翌二月十九日、第十二師団長の井上光中将もソウル入りをして臨時派遣隊を掌握するのだが、このとき、鴨緑江岸の昌城、義州両方面から南下しつつあったロシアの騎兵斥候《せっこう》が平壌北方の嘉山付近に達したという情報が入った。大本営は井上中将に至急平壌を占領するよう命じた。当時、平壌には在留邦人が約三百余名おり、領事館関係者も三十名いたからだ。

井上中将は臨時派遣隊の木越少将に一中隊を急派して平壌の兵站《へいたん》部（戦場の後方にあって食料や軍需品を補給する部署）を守備するよう命じた。同時に、佐々木直少将の第十二旅団を佐々木支隊として追及させることにした。

急派の命令は、臨時派遣隊の歩兵第四十八連隊第七中隊に降りた。小泉義男大尉を中隊長とする第七中隊は十七日夜半、軍艦に乗り込んで風雪荒《すさ》む仁川を出港、海州に上陸して平壌に向かった。そして一週間後の二月二十四日、居留民の歓呼の声に迎えられて平壌入りをした。

小泉先遣隊に続いて佐々木支隊も平壌に到着し、さらに第十二師団司令部をはじめ、残る各部隊も三月十八日までには平壌入りをして防備を固め、第一軍主力の上陸を待った。その主力の近衛師団は三月二十五日までに全軍が鎮南浦に上陸し、第二師団も二十九日までに上陸を完了した。両師団はただちに進撃を開始し、平壌を経て四月一日に第十二師団の進出線に到達した。

全軍がそろった第一軍は、韓国内に残るロシア軍を掃討しながら北進を続け、四月二十一日までに全部隊が鴨緑江右岸（韓国側）の義州一帯に展開を終了した。

ちょうどこのころ、奥保鞏《おくやすかた》大将の第二軍の各部隊も宇品や大阪から乗船を開始し、それぞれの上陸地に向けて出航をしていた。

鴨緑江渡河作戦

鴨緑江を渡り、ロシア軍主力が布陣している九連城を包囲攻撃して殲滅《せんめつ》するという任務の第一軍の前には、水量豊富な大河・鴨緑江が横たわっている。国境線で随一の名城といわれる対岸の九連城要塞《ようさい》に立てこもるロシア軍を殲滅するには、四万を超える大軍を無事渡河《とか》させなければならない。だが作戦地域に橋は一つもなかった。

第一軍参謀長の藤井茂太少将をはじめとする幕僚たちは、急ぎ渡河作戦の計画を練り上げた。藤井少将の回顧談によれば、作戦は次のように決定された。鴨緑江河口はいくつもの川が流れ込む複雑な地形をしている。

その代表的な川が鴨緑江と靉河《あいが》であり、その間には全長十三キロにもおよぶ、中洲《なかす》というにはあまりにも大きい黔定島をはじめ九里島、於赤島、中江台島、蘭子島などが横たわり、その距離も義州から対岸の九連城までは直線距離にして約六キロもある。

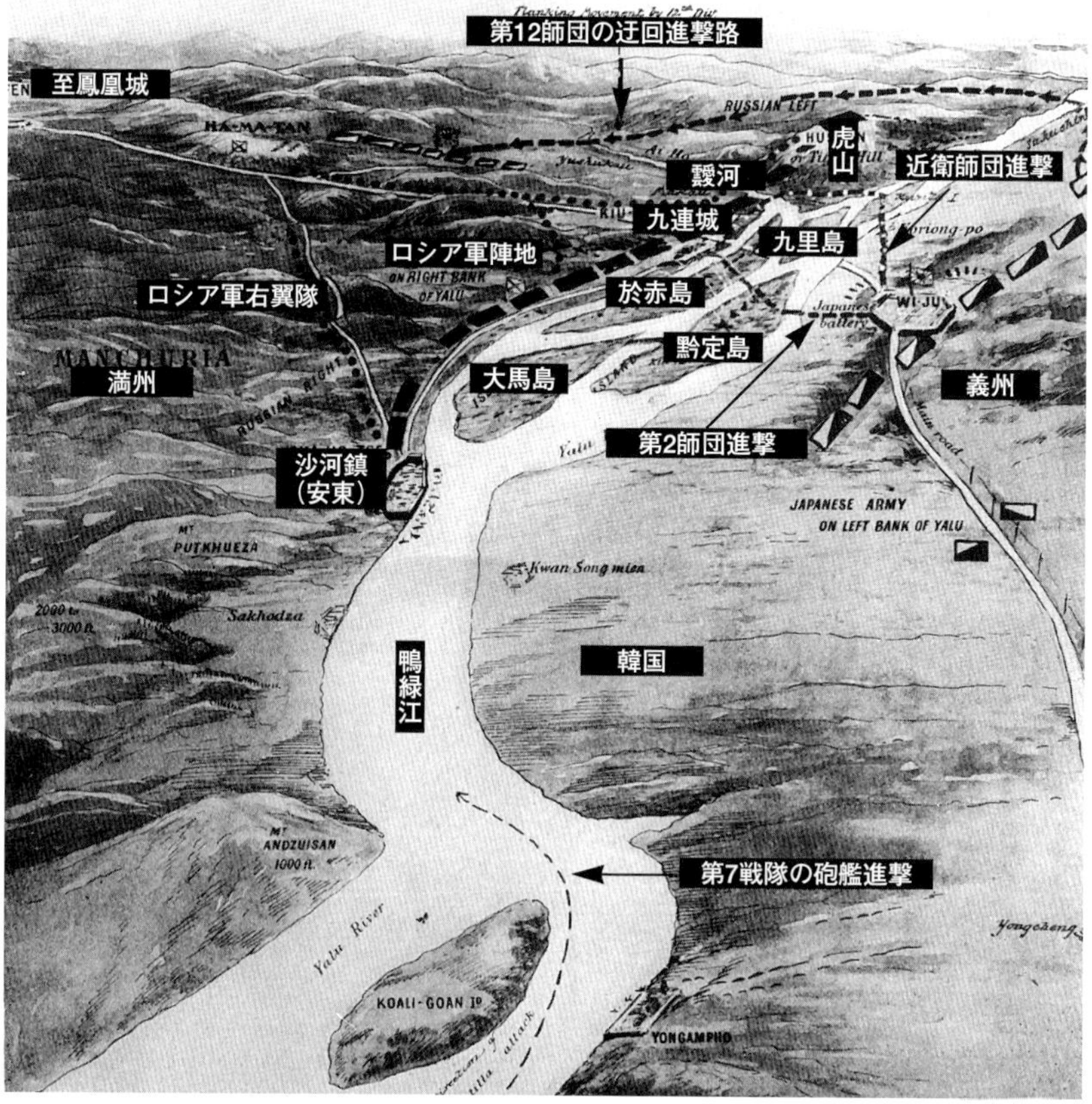

まず軍は手前の鴨緑江に二つの橋を架《か》けて渡り、靉河は徒渉《とわた》りして攻める。住民の話では靉河の水深は「乳くらいまではある」ということなので、やむをえない場合は三個師団の歩兵のみが銃と弾薬盒だけを持って歩いて渡ることにした。

各師団の展開は、正面に近衛師団、左翼の下流に第二師団、上流の右翼に第十二師団が展開し、攻撃は比較的ロシア軍が手薄と見られる右翼の第十二師団から行う。そしてロシア軍を上流に誘導して正面の近衛師団と下流の第二師団を援護することになった。

問題は遼陽《りょうよう》にいるロシアの満州軍主力からの増援である。開戦と同時に陸軍大臣から満州軍総司令官に就任したア・エヌ・クロパトキン大将が、三月二十七日に遼陽に到着したとの情報が入っていた。そのクロパトキンが遼陽から増援軍を送ることは十分考えられる。

当時、満州地区のクロパトキン麾下《きか》の部隊は歩兵六十八個大隊（一中隊欠）、騎兵三十五中隊、工兵八中隊、要塞歩兵一大隊、要塞砲兵四大隊半、野砲百二十門、山砲十六門、騎砲十二門が旅順以北の地域に分散していた。この兵力は決して多くはなかったが、当時の日本軍部隊に換算すれば約六個師団弱に相当し、日本の第一軍に対抗するには十分であった。しかしクロパトキンは、本国から主力軍が到着するまでは徹底的に守勢をとり、前線には一兵の増援も送らなかったから、藤井少将たちの危惧《きぐ》は現実のものとはならなかった。

第一軍の行動は四月二十五日に開始された。その夜、工兵隊の架橋作業を援護するため、近衛師団はその一部をもって九里島の占領を、第二師団もその一部をもって一番大き

い中洲の黔定島の占領を目指して出撃した。そして翌朝、日本軍は両島に上陸、簡単に占領してしまった。少数のロシア軍守備隊はほとんど抵抗せずに九連城方面に退却していった。

同じ二十五日の夕方、陸軍を応援するため鴨緑江河口の龍巌浦に入港した中川重光中佐(「摩耶」艦長)率いる第三艦隊第七戦隊所属の砲艦「摩耶」「宇治」、水雷艇二隻、小型武装蒸気船二隻は、鴨緑江を遡《さかのぼ》って水深の測量を行っていた。すると沿岸から約百騎のロシア軍が攻撃をしてきた。ただちに水雷艇が砲撃で反撃すると、ロシア軍は多数の負傷者を棄《す》てて退却していった。そして艦隊は以後、連日にわたって第一軍の各砲兵隊に呼応して鴨緑江、靉河沿岸のロシア軍と砲撃戦を展開した。

▶ザスリッチ中将

◀サハロフ中将

この間、夜間を利用した日本軍の架橋作業は順調に進み、近衛師団は九里島に砲と兵を進め、第二師団も黔定島に砲と兵を進めた。開戦前、ドイツのクルップ社から密かに輸入した〝秘密兵器〟の十二センチ榴弾砲の五個中隊も進出を終えていた。

このとき鴨緑江岸に展開していたロシアの満州軍東部支隊の兵力は約二万六千であった。指揮は開戦後、急遽ワルシャワから着任したM・I・ザスリッチ中将が執《と》っていた。彼は着任直後にクロパトキンとその参謀長のウラジミール・V・サハロフ中将から、「優勢な敵との不利な戦いを避けて、敵の編成、配備および前進方向を確かめながら、できるかぎり徐々に退却して敵との接触を保つように」と指示されていた。しかしザスリッチは「彼らは日本軍を欧州諸国の軍隊と同じつもりでいる」とあざ笑った。日本軍の実力をみくびっていたのである。

その〝みくびり〟が、ザスリッチ中将に二万六千の兵力を二百七十五キロにおよぶ鴨緑江岸に分散配置させた。このロシア軍の兵力配置と三個師団を集中配置した日本軍を比較すれば、日本軍の優勢は明白である。だが、ロシア軍は日本軍がただちに本格的攻撃を開始するとは考えていなかった。そのとき夜間を利用して密かに進めていた日本軍の渡河準備は、すでに完成しつつあったのである。

九連城と鳳凰城の攻略

四月二十九日午後二時、渡河一番手を担う第十二師団は鴨緑江上流の水口鎮を守備する少数のロシア軍を撃退し、架橋作業を始めた。下流では中川中佐の砲艦と水雷艇が遡ってロシア軍の砲兵陣地を攻撃し、歩騎兵約四百と近距離で激戦を行い、敗走させていた。その近くでは第二師団の工兵隊がロシア軍の目を欺《あざむ》くために艀舟《はしけぶね》を並べて架橋作業をはじめている。

そして三十日の午前三時、第十二師団の架橋が完成、部隊は渡河を開始した。砲声が夜の鴨緑江一帯に殷々《いんいん》と響きわたる。敵の攻撃はない。各部隊は暗夜を利用して一挙に渡河を敢行し、夜明け前にはほぼ全部隊が渡り終えていた。幸いなことに川の両岸一帯は濃い霧が立ち込めていた。対岸にはわずかばかりのロシア軍部隊がいたが、日本軍の数に押されたのか抵抗もせずに退却していった。第十二師団の各部隊は険しい山道を三列縦隊で進み、栗子園の頂上を占領、さらに闇夜をついて

鴨緑江の上流から迂回作戦をとり、支流の靉河を徒渉する第12師団の将兵（絵）。

兵を進め、川筋一帯の占領に成功した。

第十二師団が無事渡河に成功しているころ、近衛、第二の両師団も鴨緑江本流の架橋作業を開始していた。九連城のロシア軍砲兵隊はこれを阻止しようと日本軍の架橋用艀に砲撃を加えてきた。黔定島に隠蔽されている日本軍の榴弾砲と野砲が一斉に応戦し、猛烈な砲撃戦が始まった。砲撃戦は約三十分続き、九連城のロシア軍は沈黙した。

砲撃戦は九里島西方の架橋地点でもはじまっていた。馬溝東方の高地に陣地を構えた

中央から鴨緑江を渡り、ロシア軍陣地を急襲する近衛師団（絵）。

八門のロシア軍砲兵隊だったが、こちらも日本軍が反撃を開始すると沈黙してしまった。

鴨緑江本流の架橋作業は夜の八時に完成し、近衛、第二の両師団はただちに渡河をはじめた。そして各部隊は五月一日の午前五時ごろまでにはすべて鴨緑江本流を渡河し、九連城をにらむ位置に布陣した。

午前十時二十五分、黒木大将が大本営に発信した電文はこう記している。

「軍は予定のごとく天明をもって砲戦を開始し、午前七時五分、楡樹溝西方高地に在る敵の砲兵を沈黙せしめ、同七時三十分より各師団は攻撃前進に移り、八時十五分より九時の間に於いて九連城より馬溝、楡樹溝北方にわたる高地線を占領せり。委細は後より」

九連城地区のロシア軍指揮官エヌ・ア・カシタリンスキー少将は、なんとか日本軍を阻止しようとして東シベリア砲兵旅団の一中隊を急派したが、援軍の砲兵中隊は守備隊の歩兵部隊とともに包囲されてしまった。ロシア軍将兵は大砲類を急いで破壊し、動ける者は山中に逃げ込んだ。軍団長のザスリッチ、師団長のカシタリンスキーは共に負傷し、将兵たちとともに山中に逃れた。

勝敗はすでに決していた。ロシア軍は総崩れで、黒木軍は緒戦の勝利を手にしようとしていた。そして黒木大将以下の第一軍司令部が九連城に入ったのは午後五時三十九分で、

鴨緑江岸で負傷者の手当や手術をする野戦病院。

カシタリンスキー少将

4月31日の砲撃戦で破壊された、九連城北方の摺鉢山のロシア軍火砲。

幸先のいい勝利を手にしたのだった。

九連城を陥《おと》した日本軍は、ただちに追撃戦に入った。だが、五月一日の戦闘で隊伍を整えて退却したロシア軍はわずかに歩兵五、六大隊と砲兵二中隊だけで、その他は文字通り隊を乱して遁走《とんそう》してしまった。そして九連城から退却したロシア軍部隊はいったん鳳凰城に入ったが、旅順の極東総督府から「決戦を避けよ」という命令が届いた。満州のロシア軍司令部は日本軍の新たな部隊、奥保鞏大将の第二軍が五月五日に大連に近い張家店付近から上陸を開始していたため、遼陽地区の部隊が挟み撃ちに合うのを恐れたのだ。鳳凰城の残存部隊は渡りに舟で総退却していった。

五月六日、先着の近衛騎兵連隊はほとんど無抵抗のまま鳳凰城に入り、軍司令部も十日に入城して第一軍の緒戦は大勝利のうちに終わり、第一期作戦計画の目標である遼陽攻略の足場を作ったのであった。

この鴨緑江戦に参加した兵力は、日本軍が一万八千八百人で、第一軍から大本営に報告された死傷者数は、戦死が二百二十三名、負傷が八百十六名、死傷合計千三十九名だった。一方のロシア軍は、日本軍が埋葬した戦死者が千三百六十三名で、負傷者も含めた捕虜は将校十八名、下士官以下が五百九十五名、合計千九百七十六名である。ロシア軍の損害は日本軍のほぼ倍であった。

第三回旅順口閉塞作戦と第二軍の上陸

旅順のロシア太平洋艦隊は、三月にヨーロッパでも著名なマカロフ中将を新司令長官に迎えていた。乗組員の士気も旺盛になり、積極的行動を起こすようになっていた。ところが四月十三日午前十時三十分、出羽重遠少将率いる第三戦隊と旅順港外で戦闘中、マカロフ中将が乗る戦艦「ペトロパブロフスク」は、日本軍が敷設《ふせつ》したばかりの機雷に触れて中将もろとも一瞬のうちに轟沈してしまった。以来、ロシア艦隊は再び港に閉じこもり、艦艇の温存をはかるようになっていた。

そうした戦況のとき、奥保鞏大将の第二軍に出撃命令が出された。上陸地点は大連湾の張家店に近い塩大澳とされた。もし第二軍の上陸作戦中に旅順の敵艦隊が出動し、攻撃をしてきたら日本軍は壊滅的打撃を被りかねない。なんとしても敵艦隊を旅順港に封じ込めておく必要性は以前よりも強くなっていた。

連合艦隊の東郷平八郎司令長官は、すでに第二回閉塞作戦が不首尾に終わったとき、大本営に第三次の閉塞作戦を要望していた。しかし大本営は、これ以上の船舶の消費は以後の輸送に支障をきたすと渋るが、結局、東郷の強い要望を飲んで十二隻の閉塞船を用意したのだった。総員二百四十二名の隊員はいずれも志願者を中心に選ばれた決死隊であ

第3回閉塞作戦に出撃する選抜決死隊員を見送る「朝日」乗組員。

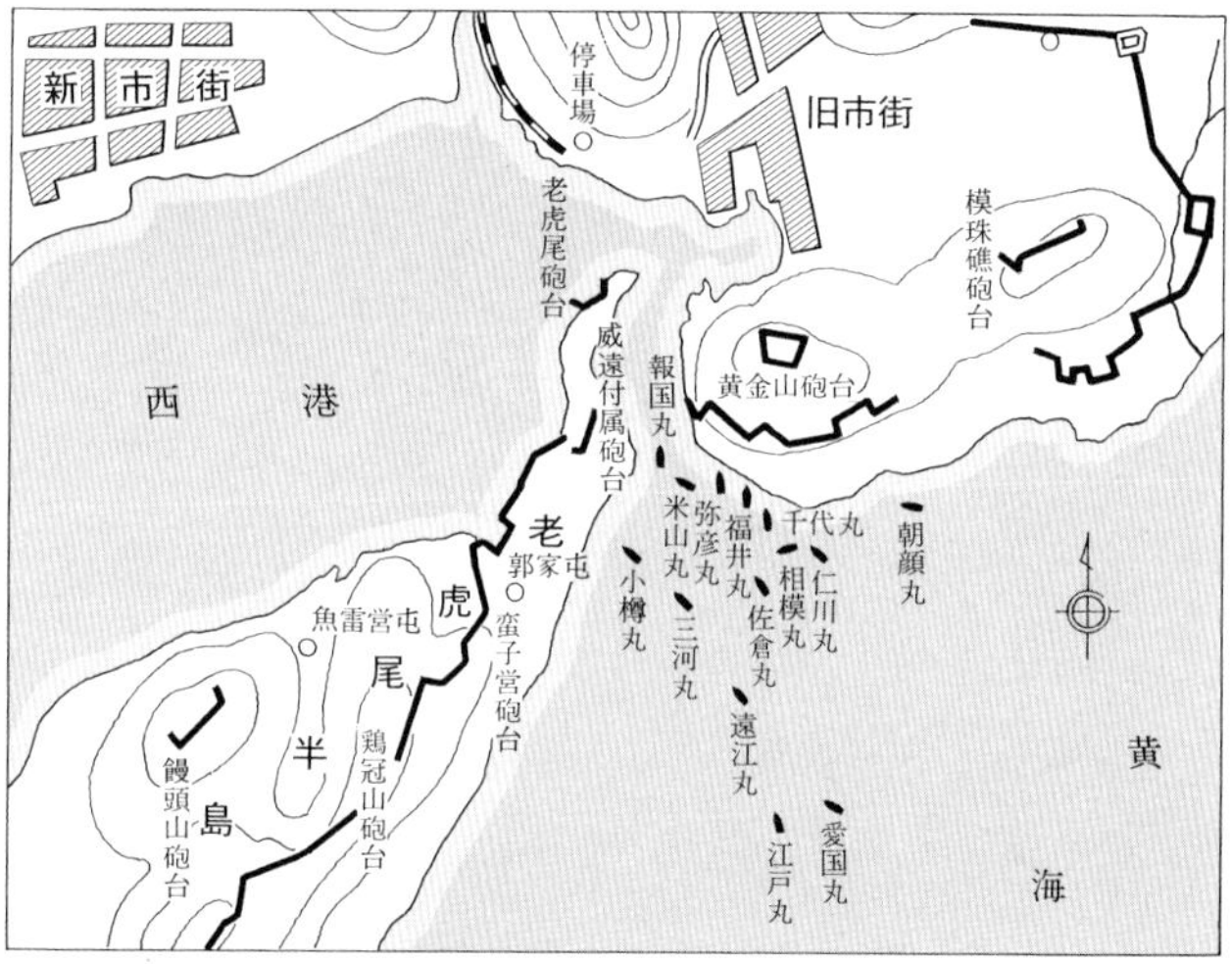

旅順港口に沈められた船舶の位置

激浪と敵弾の待つ旅順口を目指して進む第3回閉塞隊の各船。

った。総指揮官には砲艦「鳥海」艦長の林三子雄中佐が選ばれた。

第三回閉塞作戦は五月二日夜に決行されるのだが、その日は昼過ぎから吹き出した西北西の風が夜になるとますます強くなり、閉塞隊の各船は互いに僚船を見失うようになり、航行序列はめちゃめちゃになってしまった。総指揮官の林中佐は、このまま作戦を遂行すれば閉塞後に隊員を収容することが困難であると判断、午後十時半すぎ、各隊に「行動中止」の信号を発信した。しかし、風と波が吹き荒れる暗夜の海は信号をかき消し、林中佐の乗る「新発田丸」に従って避難地の円島に向かったのは二、三隻にすぎなかった。残る各船は予定通り旅順口を目指し、五月三日午前二時すぎに港口に到達していた。

ロシア軍の哨戒艦と沿岸砲台は、この四分五裂の閉塞隊を待ち構えていた。閉塞隊はたちまちロシア軍の砲撃にさらされ、大半の閉塞船は旅順港口に向かう途中で撃沈されたり自沈に追い込まれていた。これら閉塞船の乗組員のうち「佐倉丸」と「朝顔丸」の乗組員はついに一兵も還《かえ》らなかった。

報告を受けた東郷長官は、大本営に「第三次閉塞作戦はおおむね成功せり」と打電した。しかし、実際はその後もロシアの艦艇は港を出入りしており、日本の閉塞作戦が失敗に終わったことを証明したのだった。

第3回閉塞隊編成表　総指揮官・林三子雄中佐

船　名	排水量(屯)	指揮官・機関長	隊員
新発田丸 第1小隊	4,200	大　尉・遠矢勇之助 機関少監・河井義次郎	23名
小倉丸 第1小隊	3,340	少　佐・福田　昌輝 大機関士・安富　良一	22名
朝顔丸 第1小隊	2,464	少　佐・向　菊太郎 機関少監・清水　雄蒐	18名
三河丸 第1小隊	1,967	大　尉・匝瑳　胤次 中機関士・豊田　稔	18名
遠江丸 第2小隊	1,953	少　佐・本田　親民 大機関士・竹内三千三	18名
釜山丸 第2小隊	2,920	大　尉・大角　岑生 中機関士・徳永　斌	18名
江戸丸 第2小隊	1,724	少　佐・高柳　直夫 中機関士・與倉守之助	18名
長門丸 第3小隊	2,120	少　佐・田中　銃郎 中機関士・藤井　五郎	22名
小樽丸 第3小隊	2,547	少　佐・野村　勉 機関少監・岩瀬　正	18名
佐倉丸 第3小隊	2,978	少　佐・白石　葭江 機関少監・寺嶋貞太郎	20名
相模丸 第4小隊	1,926	少　佐・湯浅竹次郎 機関少監・矢野　研一	24名
愛国丸 第4小隊	1,781	大　尉・犬塚　太郎 大機関士・青木　好次	24名

だが、上陸地点の遼東半島を目前にしている第二軍司令部は、海軍の閉塞作戦が失敗に終わっていることなど知る由もなかったから、予定に従って上陸作戦を開始していた。

韓国の鎮南浦に集結していた奥保鞏大将の第二軍を乗せた輸送船団と護衛の第三艦隊（司令長官・片岡七郎中将）が、錨を揚げて大連北方の塩大澳に向かったのは五月三日午前七時だった。そして五日の早朝、上陸作戦の先陣を担う佐世保海兵団の陸戦隊一千余名が上陸を開始した。沿岸のロシア軍からは一発の攻撃もなかった。

四万に近い第二軍の上陸は連日続けられ、五月十三日ごろまでに終了した。後続した増援部隊の騎兵第一旅団、第五、第十一師団も月末までにはすべて上陸を完了した。この間の五月十九日には、第一軍と第二軍の間隙を埋めるために別個に派遣された独立第十師団も大孤山に無事上陸、即座にミシチェンコ将軍の騎兵隊と戦闘を開始していた。こうして日本軍の敵前上陸作戦は奇跡といってもいいほどの大成功をおさめたのだった。

「日本の大軍、ダルニー（大連）北方に上陸！」の報はたちまち旅順市内に伝わった。市民は浮き足だった。市民だけではなく軍の最高指揮官でもあるアレクセーエフ総督自身、密かに旅順を脱出すべくサンクトペテルブルクのニコライ皇帝にお伺いを立てていたのである。

第2軍司令官・奥保鞏大将

右翼の金州湾岸から金州城を目指した第４師団は、劉家屯付近でロシア軍と激戦になった。

金州城攻略作戦

無傷で上陸した第二軍先遣隊の第一師団と第三師団は、まず旅順のロシア軍と遼陽に本拠を構えるクロパトキン軍の連絡遮断に走った。第一師団は斥候隊を遠く金州街道に派遣し、第三師団は歩兵第三十四連隊を普蘭店と貔子窩付近に進出させ、六日の早朝八時、連隊は普蘭店一帯に突入した。同地を守備していた少数のロシア軍は抵抗も見せずに退却していった。同連隊はさらに東清鉄道を南下して普蘭店駅以南の鉄橋を破壊し、電線を切断して遼陽と旅順間の交通路をすべて遮断した。

この歩兵第三十四連隊の一部が普蘭店駅周辺に突入する直前、旅順を発った一列車が猛スピードで同駅を通過していった。列車にはニコライ皇帝から旅順脱出の「お許しを得た」極東総督アレクセーエフが乗っていた。第二軍が塩大澳に上陸したことを知った彼は、ただちに脱出を決意、奉天（現・瀋陽）に向かうべく五月五日午前十一時発の汽車で旅順を発ったのだった。

五月七日、第一、第三師団より遅れて内地（大阪）を出航した小川又次中将率いる第四師団が貔子窩湾から上陸し、ここに第二軍の野戦師団は勢ぞろいした。そしていよいよ遼東半島のロシア軍主力が布陣する金州城と南山攻撃に入ることになった。

金州地区は遼東半島の東西がもっとも狭くくびれたところで、東に大連湾、西に金州湾が広がり、南山はその頸部にあたる要衝《ようしょう》である。半島のもっとも狭い大連湾の大房身から反対側の金州湾にある蘇家屯までは五キロたらずしかない。そして平野は北方に開け、北から東にこの平野を遮るように老虎山脈が立ち塞《ふさ》がって天然の要塞を造っている。そのため半島の突端にある旅順と大陸を結ぶ鉄道や道路はすべてこの頸部＝南山を通らなければならない。すなわち、金州・南山を占領すれば旅順と大陸を遮断することになり、旅順のロシア軍は孤立状態に陥ってしまう。

五月十六日に前進を開始した日本軍は、金州東北方の高地・十三里台や大沙河、普蘭店などのロシア軍守備隊を撃破しながら南山を目指して兵を進めた。ところが金州・南山のロシア軍は頑強であった。日本側の資料では南山でのロシア軍の交戦兵力は二万八千名とも三万五千名とも記されてまちまちだが、実際ははるかに少なかった。

日本軍が南山に迫っていたとき、この地区を守備していたロシア軍は、東シベリア狙撃兵第四師団（師団長ア・ヴェ・フォーク少将）麾下の東シベリア狙撃兵第五連隊だけだった。連隊長のニコライ・アレクサンドロヴィッチ・トレチ

日本軍の猛攻で陥落した金州城。

5月26日未明、日本軍は金州城内に突入、占領した。

金州城内で銃剣で突き刺す白兵戦を展開する日露両軍の兵士（絵）。

ヤコフ大佐は日露が開戦した直後から陣地の強化をはかっていた。大佐は北清事変のおりに南山の陣地強化を支援したことがあり、地形にはくわしかった。大佐は部下と五千人を超える中国人の苦力《クーリー》を叱咤し、天然の絶壁を利用した強固な陣地を造り上げた。

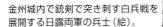

だが、定員割れの一個連隊だけでは防衛は難しい。トレチャコフ大佐は何度かフォーク師団長に増援を求めたが、聞き入れられなかった。四月末に、クロパトキンの満州軍にはプリアムール軍管区とザバイカル州から増援軍が到着し、さらに第四シベリア軍団、ヨーロッパ地区の第一、第十七両軍団も到着することになっていた。しかし遼陽のクロパトキンは、それらの部隊をほんの一部でも遼東半島の頸部に差し向けようとはしなかった。

奥保鞏第二軍司令官は五月二十四日、全軍に攻撃命令を発した。第一師団は中央正面から攻撃に入り、第四師団が右翼の金州湾岸から、そして第三師団が左翼の紅涯套海岸から進軍し、金州城の包囲に入った。砲兵の全旅団は後方の十三里台に砲列を敷いた。斥候の情報によれば、ロシア軍の第一線は、右は金州の東にそびえる肖金山西山麓から金州駅の南方に延び、左は金州城北門から海岸線まで延びている。そして城内には少なくとも一個大隊がおり、東北西の三門を堅く閉ざして城壁の銃眼から日本軍を待ち構え

南山攻撃のために架橋作業をする工兵隊。

ているという。

五月二十五日、日本軍は予定通り午前五時に行動を起こした。城外に据えられたロシア軍の速射砲が砲撃を開始した。日本軍の砲兵も応戦を始めた。昼を過ぎるころから戦場には西風が猛烈に吹きはじめ、砂塵を巻き上げて空は一面の暗雲に覆われてきた。すでに昼過ぎに遼東湾に進出していた海軍の第七戦隊も、風浪が激しく金州湾に近づけない。

こうして総攻撃初日は夜を迎えた。安東貞美少将率いる右翼隊の第四師団第十九旅団は暗闇をついて金州城に向かった。夜襲によって同城を奪取せよという命令を受けていたからである。だが城内のロシア軍は近寄る日本軍を探照灯で照らし、一斉掃射を浴びせて日本軍を近づかせなかった。

金州城東南一帯を占領予定の中央隊の第一師団も攻撃に入っていたが、暗夜の空はさらに悪化し、暴風に加えて雨も降り出し、攻撃は難航していた。道路はたちまち泥濘《でいねい》と化し、兵士の進撃を拒んだ。

鉄条網で防備した南山のロシア軍陣地。写真は日本軍占領後に破壊された鉄条網。

午前二時三十分、第一師団に作戦を変更して金州城を攻撃せよという命令が届く。師団の各連隊は金州城の東門に通じる街道を進んだ。歩兵第一連隊は城壁の四百メートル手前までできた。途端、城内から猛烈な一斉射撃にさらされた。斃《たお》れる兵士の声が雷鳴にまじって耳をつんざく。第四師団は、まだ金州城の奪取に成功していなかったのだ。稲妻と砲火が連隊の第一線を瞬時照らし、その惨澹《さんたん》たるありさまを浮かびあがらせた。折り重なって泥濘の中に斃れている将兵の中に、やがて第三軍司令官になる乃木希典《まれすけ》大将の長男で、歩兵第一連隊第九中隊第一小隊長の乃木勝典《かつすけ》中尉もいた。

夜が白みはじめてきた。五時ごろだろうか、第一師団の前面に隠れるロシア軍の砲兵陣地に、第四師団の砲兵第四連隊が砲撃を加えてきた。ロシア軍の曳火弾が次々誘爆するのが見え、攻撃は途端に弱まってきた。第一師団の工兵第一大隊長大木房之助大佐は絶好のチャンスと見て城門の爆破を命じた。ダイナマイトによる城門爆破は成功だった。第四師団が西門の爆破に成功したのもほとんど同時だった。こうして日本軍は東西両門から城内に殺到、それぞれ軍旗を掲げたのだった。五月二十六日午前六時である。城内で頑強に戦っていたトレチャコフの部隊は、圧倒的な

日本軍を前に唯一残された南門から脱出、主力が布陣する南山に退却していった。

屍折り重なる南山の戦場

南山への攻撃も午前五時半から開始されていた。攻撃は、風雨をついて金州湾に進出した海軍艦艇の砲撃で始められた。砲艦「赤城」「鳥海」と水雷艇隊は吃水線《きっすいせん》ギリギリまで海岸に近づき、蘇家屯高地のロシア軍要塞に砲撃を開始した。陸軍の各砲兵部隊も一斉に砲門を開き、激しい砲撃戦が展開された。

南山を攻撃する日本軍は百九十八門の砲を持っていたが、トレチャコフ大佐の部隊は五十門しか持っていなかった。このうち金州湾の日本軍艦艇に対抗できる砲は十六門だけで、劣勢は明らかだった。そして午前八時ごろには蘇家屯高地のロシア軍要塞はほとんど沈黙し、攻撃を中止した。ロシア軍は弾薬が尽き、わずか二門だけが時折り発射し、正午には一発の砲弾もなくなっていたのである。

ロシア軍の砲撃が弱まったのを見た第二軍の各歩兵部隊は前進を開始した。午前九時である。軍司令部も九時半ごろに金州城東方の肖金山に進出し、戦いは正念場を迎える。

歩兵の進軍は難渋をきわめていた。南山に近づくに従い、ロシア軍の頑強に構築された永久堡塁《ほるい》からの銃砲火はますます激しくなり、日本兵はバタバタ斃れていった。大連湾沿いを進む第三師団には、海上に進出してきたロシアの砲艦一隻が三門の大口径砲を開き、泥濘の道路を進む歩兵に狙い撃ちをかけている。

半島の反対側、金州湾沿いを進む第四師団も事情は似ていた。金州市街の西方から南山に通じる道路は細い村道が一本あるだけだったから、師団将兵の大半は海岸の浅瀬を歩かなければならない。その日本軍に南山の高地一帯に築かれたロシア軍保塁から銃砲弾が雨霰《あめあられ》と降り注いだ。歩兵たちはバタバタ斃れていった。

日本軍は三方向から南山ににじり寄った。しかしロシア軍主力が布陣する南山一帯には遮蔽物になるような大きな樹木はない。山上のロシア軍からは攻め登ってくる日本軍の姿が手にとるように見える。しかもコンクリートで固められた堡塁の前方は鉄条網が張りめぐらされ、堡塁の要所には機関銃が待ち構えていた。中央から攻める第一師団の各連隊は、機関銃の餌食にされてすでに昼前には死傷者続出で、堡塁の手前五百メートルから八百メートルの地域で釘付けになっていた。

第二軍参謀だった鈴木荘六少佐(のち大将)は『名将回顧・日露大戦秘史』で語っている。

「払暁から攻撃を始めたのですが、上陸間もなく攻撃したため、輜重部隊の一部だけが上陸しておっただけで、もちろん兵站部は上陸

軍旗のもとに次々突撃、肉弾戦を展開する南山の死闘(絵)。

しておらぬ。後方の輸送機関がない。ただ持っていった銃砲の弾丸、糧食、これだけで攻撃したのでありますから、朝の五時半から攻撃を始めて午後の二時、三時頃になると、もう第一線の銃砲弾が欠乏を告げてきた。

続出する重傷者の命を守ろうと衛生隊は必死で野戦応急病院に患者を運ぶ。

私はちょうど十二時頃、当時の軍の軍医部長・森鷗外博士に『どうです、死傷はどのくらいありましょうか』というた。その時には後方機関が上陸しておらぬから、野戦病院が二つしかない。その当時、野戦病院の収容力は一つ四百人しか入らない。すると『先刻の報告を聞くと約二千あるというから、三千人くらいになろう』と鷗外博士が答えた。

午後三時頃になると、弾丸がない、後方の機関がないから補充がつかない、どうすべきかというくらいに困難に立ちいたった。そのときの軍司令官の決心は、弾丸がなければ銃剣でやれという決心なのです……」

午後三時、奥軍司令官は全軍に突撃命令を下した。小銃を手にした歩兵たちは、戦友の屍《しかばね》の山を踏み越え、ロシア軍陣地に向かって突撃を繰り返した。

ロシア兵の負傷者に水筒の水を与える日本兵。

一方、南山のロシア軍陣地でもトレチャコフ大佐と部下たちが死にもの狂いの戦いをしていた。日本軍は倒せども倒せども雲霞《うんか》のごとく押し寄せてくるし、部下は次々斃れ、弾丸も尽きている。南山のすぐ後ろの陣地には新鋭の六個大隊が待機していたのだが、師団長のフォーク少将はトレチャコフ大佐の再三の増援要請にもかかわらず、相変わらず拒否の回答を繰り返していた。本来が警察隊の将軍であるフォーク少将には、戦局の重大さが把握できなかったのだという。

そのフォーク少将がわずか二個中隊の増援を送ったのは、勝敗が決しかけていた夕方の六時過ぎだった。このとき日本軍は第一師団と第三師団がすでに鉄条網を突破し、第四師団もロシア軍陣地に迫っている。フォーク少将は躊躇なく全軍に総退却令を出した。トレチャコフ大佐の連隊の中には、この急な退却命令が届かず陣地の中で戦死した兵も多く、弾薬が尽きて日本兵に銃剣で突き刺された中隊長もいた。

戦いはこの日の夕刻に日本軍の勝利で大勢は決する。第二軍司令部は大本営に戦闘報告を送信した。戦闘報告は刻々と何本も送られているが、五月二十八日午後九時五分に

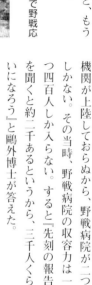

金州・南山の戦闘で負傷した第1師団の将兵。

大本営に着電した総括ともいえる「攻囲軍戦闘報告」は、二十五日からの戦闘詳報を綴り、最後に日露双方の損害推定を記していた。

「敵の死傷は不明なるも、戦場に遺棄せし死体のみにても五百名を下らず。捕虜は将校以下若干名……。詳細は目下取り調べ中。我軍死傷、将校以下約三千五百名」

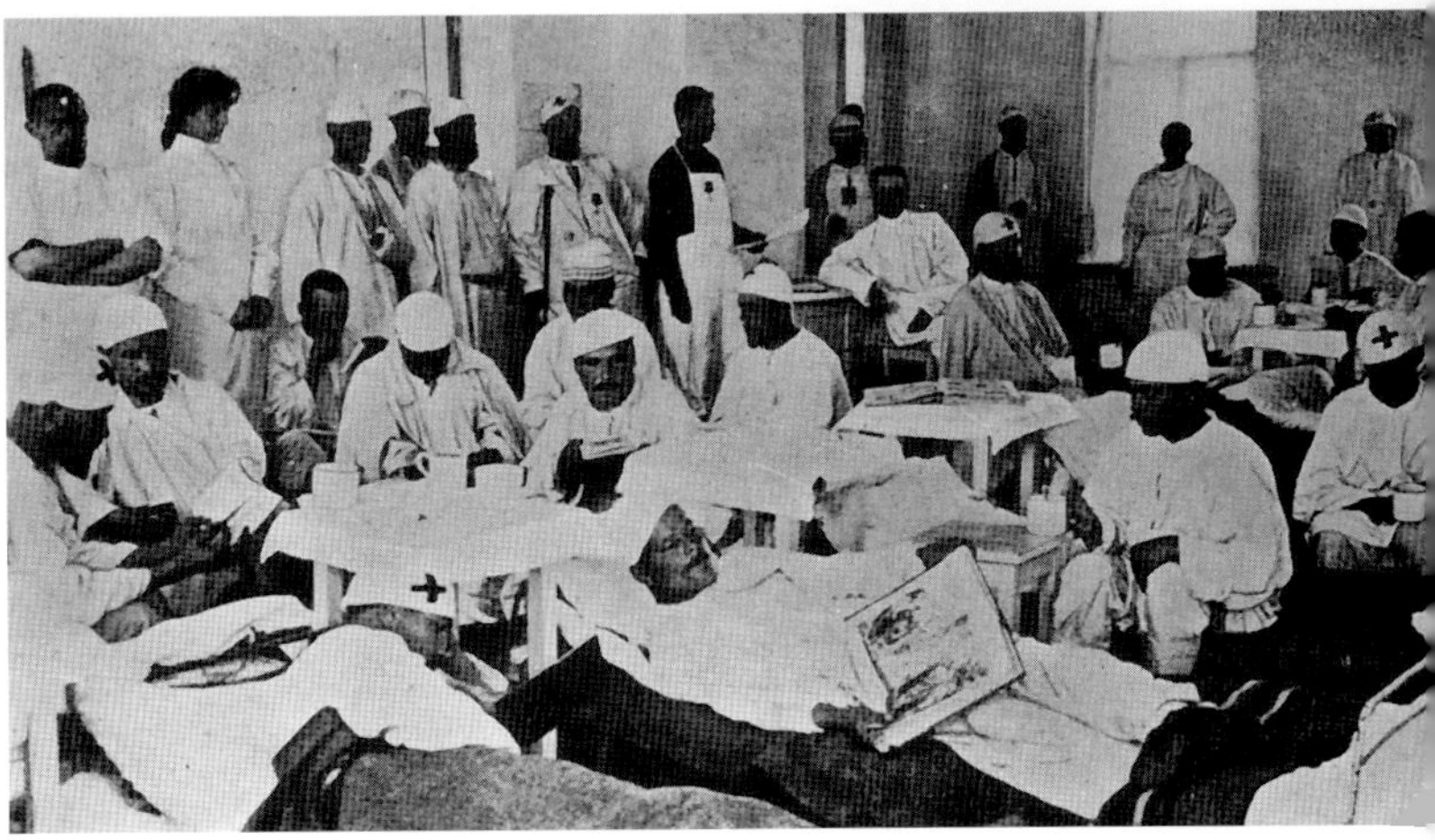

奉天のロシア軍兵站病院も負傷者で満員になっていた。

報告を手にした大本営の参謀たちは目を疑った。「死傷者が約三千五百名……、そんなはずはない」と。

鈴木参謀は前出の回想で続けている。

「最初の報告は三千、翌日になってすっかり調べると四千五百ということがわかった。後で聞くと、大本営では『三千は三百の間違いだろう、第一軍があの有名な鴨緑江を渡って攻撃しても一千に満たないのに、これは電報の○が一つ多いのだろう、これは三百だろう』というように思っておったそうです。その後に四千五百という報告が行ったので、『これはいよいよ本当だ、これは軍司令官の責任問題だ』というくらいにまで言うた人が、若干あったということを聞いておる」

五月二十五、二十六両日の金州・南山の戦闘における日本軍の損害は、直後の第二軍司令部の調査では、戦死が七百四十九名で、重軽傷が三千四百五十八名、死傷者合計は四千二百七名だった。第二軍に死傷者が続出した原因にはさまざまな要素があるが、最大の理由は南山のロシア軍が、日本軍には経験のない本格的な永久陣地を構築して守備態勢を整えていたことと、日本軍にそうした永久陣地に対する攻撃法が確立されていなかったことが挙げられる。

激戦は夜の八時過ぎまで続き、死傷者わずか一千余名にすぎないロシア軍の退却で、南山は日本軍の手に帰した。ロシア軍は次の防衛線を旅順に定め、雪崩《なだれ》をうって夜の山路を退却していった。こうして日本軍は旅順のロシア軍と遼陽にあるクロパトキン将軍の主力との連絡路を遮断することに成功したのである。そして奥司令官の第二軍が、無防備の大連を占領したのは五月三十日であった。

第4章 旅順攻囲戦と黄海海戦

要衝・旅順をめぐる陸海の激闘

出撃に当たり、二人の子息の写真を右手に持って記念撮影をした乃木大将。

旅順攻囲軍・第三軍の進撃

第二軍が南山を占領した直後の五月二十日、新編制の第三軍に旅順攻略の出動命令が下った。開戦当初、新編制する第三軍の主な任務とされていたのは、金州・南山を攻略して北進する第二軍の後方警備と、旅順のロシア軍の北上を警戒することぐらいであった。ひとつには、開戦当初、大本営が旅順のロシア軍兵力がどのくらいなのかつかんでいなかったことと、海軍側が旅順を独力で攻略しようとしていたため、陸軍は積極的には出ないでいたのである。

ところが連合艦隊の旅順口閉塞作戦が次々失敗し、旅順のロシア艦艇はいぜんとして港に出入り自由な状態にある。加えて、ヨーロッパにあるバルチック艦隊が東航されるという情報が伝わってきた。バルチック艦隊が旅順やウラジオストクに回航された場合、日本の制海権は危うくなる。海軍は焦り、陸軍側に陸路からの旅順攻略を強力に要請した。大本営も海上からの旅順攻略は不可能と判断し、三月十四日、陸軍の旅順攻囲軍編成にとりかかった。それが第三軍だった。軍司令官には乃木希典《まれすけ》中将が選ばれ、参謀長には伊地知《いじち》幸介少将が就任することになった。

話は前後するが、軍司令官は通常大将である。ところが日露戦争開戦時の大将は山県有朋、大山巌、野津道貫《みちつら》、佐久間左馬太、桂太郎、黒木為楨、奥保鞏の七人だけだった。このうち佐久間は休職中で、桂は時の首相、黒木と奥はすでに軍司令官として前線にある。山県は元老で大山は参謀総長だから、残る軍司令官候補は野津しかいない。その野津もやがて第四軍の軍司令官として前線に行くのだが、陸軍はここで軍司令官要員を確保するために陸軍武官進級令を改正して一挙に五人の大将を作ることにした。五月十九日である。

六月六日付で進級した五人の大将は、侍従武官長の岡沢精、近衛師団長の長谷川好道、陸相も経験している参謀本部次長の児玉源太郎、黒木軍の第二師団長である西寛二郎、そしてこの日六月六日、第三軍司令官として遼東半島に上陸する乃木希典である。ちなみに同日、海軍では東郷平八郎連合艦隊司令長官が大将に進級している。

◀旅順攻略を開始した第3軍司令部幕僚。中央が伊地知参謀長。

父乃木大将が手にして記念撮影した乃木兄弟の写真。向かって左が金州の戦いで戦死した長男の勝典中尉、右が旅順の203高地攻略で戦死した次男の保典少尉。

五月二十日、第三軍に戦闘序列が下令され、すでに第二軍の主力として金州・南山の激戦を経験した東京の第一師団と善通寺の第十一師団が隷下《れいか》に入ることになり、金沢の第九師団にも動員令が下った。第一師団麾下《きか》の歩兵第一連隊には乃木の長男・勝典《かつすけ》中尉がいる。親子が同じ戦場で戦うことになったのだ。

　まもなく大将になる乃木中将と軍司令部は、六月一日に宇品を出港することになった。広島市大手町の旅館に入った乃木は、東京の留守宅経由で勝典中尉が南山で戦死したという訃報《ふほう》を受けとった。乃木は静子夫人に電報を打った。

「カツスケメイヨノセンシ　マンゾクス」

妻にも二人の子供にも笑顔を見せたことのない厳しい父だった乃木は、その足で市内の写真館に入った。出征記念の写真を撮るためである。写真機の前に立った乃木の右手には、勝典中尉と次男の保典《やすすけ》少尉（第一師団歩兵第十五連隊）が並んで写っている写真が持たれていた。

　大連北方の塩大澳に上陸した乃木大将は第三軍司令部を大連北西の北泡子崖《きたほうしがい》に設置し、ロシア軍の追撃戦に入っている第一師団と第十一師団を掌握した。

　南山の激戦後もロシア軍は騎兵を中心に各所で日本軍と小競り合いを繰り返していた。これら旅順の前面に展開しているロシア軍の前進陣地攻撃が六月二十六日から開始された。歪頭山《わいとうざん》と剣山《つるぎざん》攻撃である。歪頭山も剣山もロシア軍守備隊は小規模で、日本軍はその日のうちに完全占領した。さらに翌二十七日には大白山を攻略し、二十八日には大鉄匠山を占領、ここに日本軍の第一線は右翼は安子山から左翼は黄海に臨む小平島にわたる線を確保し、旅順要塞攻略の突破口を開いたのだった。

　一方、アレクセーエフ総督が去った後の旅順のロシア陸軍は、旅順要塞司令官のコンスタンチン・N・スミルノフ中将を最高指揮官に、野戦部隊の東シベリア狙撃兵第四師団がア・ヴェ・フォーク少将、東シベリア狙撃兵第七師団

がロマン・I・コンドラチェンコ少将という布陣だった。アナトール・M・ステッセル中将は三月中旬に関東軍司令官を解任され、第三シベリア軍司令官に任命されていたのだが、まだ旅順にとどまっていた。

満州軍総司令部の前線進出

乃木大将の初陣《ういじん》ともいえる剣山の戦いが日本軍の勝利で終わったとき、新設された「満州軍総司令部」が東京を出発、大連に向かった。開戦当初から大本営は日露の決戦は敵の主力が集結している遼陽が戦場になると見ていた。ロシア軍はこの遼陽に少なくとも三十万の兵力を集め、日本軍を一挙に撃滅しようとしていた。しかし、シベリア鉄道による欧露からの兵員輸送が思うにまかせず、大本営はその兵力を約二十万と推定していた。だが、仮に二十万としても、当時の日本の常設十三個師団を凌駕《りょうが》する兵力である。そこで後備旅団を編成して補うことになるのだが、問題は指揮・命令である。

国内のほぼ全兵力が前線に出てしまうのだから、各軍間の作戦調整が大変である。そこで「戦地大本営」ともいうべき野戦軍統一指揮部「満州軍総司令部」が創設された。明治三十七年六月二十日である。満州軍総司令官には参謀総長の大山巌大将(元帥)が、総参謀長には同じく参謀本部次長(大本営参謀次長)の児玉源太郎大将が任命された。そして後任の参謀総長には山県有朋大将(元帥)が就《つ》き、次長には長岡外史少将が就いた。

六月三十日、満州軍総司令部と新編制の第四軍に戦闘序列が下り、軍司令官には野津道貫大将が親補された。同時に戦地にある各軍の戦闘序列も改編された。

第一軍　軍司令官・黒木為楨大将
近衛師団、第二師団、第十二師団、兵站部に後備歩兵十二大隊、同騎兵、砲兵各一中隊、同工兵若干。

第二軍　軍司令官・奥保鞏大将
第三師団、第四師団、第六師団、後備歩兵

旅順港と市街を包囲するように護るロシア軍の永久要塞群。写真は大案子山砲台。

旅順のロシア軍要塞の中心的存在だった東鶏冠山北堡塁の兵営内部。陥落後に撮影したもの。

旅順口の周囲に造られた砲台群の一つ蛮子営砲台。

第十一旅団、騎兵・野砲兵各一旅団、兵站部に後備歩兵二大隊、工兵一中隊。

第三軍　軍司令官・乃木希典大将

第一師団、第九師団、第十一師団、後備歩兵第一旅団、同第四旅団、野砲兵第二旅団、攻城特殊部隊。（第一軍から転属した野戦重砲兵を含む）

第四軍　軍司令官・野津道貫大将

第五師団、第十師団、後備歩兵第十旅団、兵站部に後備歩兵二大隊、同工兵一中隊。

上は椅子山堡塁。ロシア軍はこの椅子山の他にも東鶏冠山、二龍山、松樹山などに分厚いコンクリートで固めた永久要塞を築いていたのだが、開戦前の日本軍は知らなかった。下は西太陽溝砲台。

大山総司令官以下、満州軍総司令部が宇品を出港した翌七月十一日、黄海洋上の東郷平八郎連合艦隊司令長官は、伊東軍令部長に手紙を出した。その内容は次のようだった。連合艦隊の艦船と乗組員は非常に疲れており、バルチック艦隊の来航前に艦船の修理と兵員の休養は欠かせない。ついては一時も早く旅順一帯のロシア軍を攻略し、旅順口の敵艦隊を壊滅しなければならないというものだった。すなわち、陸軍の尻をたたいて一日も早く旅順のロシア軍を攻略させなければ、連合艦隊は安心してバルチック艦隊の迎撃態勢を整えられないという泣き言だった。

伊東軍令部長は山県参謀総長に東郷の手紙を見せて、一日も早い旅順攻略を促してほしいと頼んだ。山県は大本営の陸海軍高級幕僚会議を開いて海軍の要望を決議し、洋上の大山総司令官に伝えた。大連に上陸した大山は、乃木に旅順攻略の計画をたずねた。乃木は次のように攻撃計画を話した。

まず七月二十五日から三十日にかけて攻囲陣地の編成を終え、鳳凰山一帯を占領して鉄道の修復をはかり、八月十三日までに攻城材料の輸送を完了する。そして八月十八日から砲撃を開始し、八月二十一日から要塞の砲撃に移り、同月末までに作戦を完了させる。攻撃目標は東北正面の二龍山《にりゅうざん》と東鶏冠山《ひがしけいかんざん》の中間とする、というものであった。すなわち東北正面から一挙に攻撃を敢行するという。

ところが、強襲で一気呵成《いっきかせい》に本陣を衝《つ》くという日本古来の野戦戦法は、近代要塞には通用しないことがまもなく証明される。三国干渉後、清国から「租借」という名で遼東半島を手に入れたロシアは、旅順地区に巨費を投じ

てコンクリートで固めた永久要塞と砲台、銃座を無数に構築していたのである。さらに要塞を取り囲む前衛の防禦陣地は二十五キロにもおよんでおり、そこに連ねられた砲台には七百門の砲が日本軍を見下ろし、三十二個大隊、約四万二千名の守備隊が乃木軍を待ち構えていた。

七月二十三日には増援の第九師団が上陸し、後備歩兵第四旅団、野戦砲兵第二旅団、黒井悌次郎中佐率いる海軍陸戦重砲隊も第三軍の指揮下に入り、旅順要塞の攻撃態勢は整った。

旅順に進撃を開始した第3軍。利家屯南方の高地での幕営（7月24日）。

ロシア軍前進陣地への攻撃開始

第三軍の各隊は七月二十五日から行動を起こした。第一師団が右翼隊として旅順街道を進み、第九師団は後備歩兵第一旅団を合わせて中央隊になり青泥窪（大連）から鞍子嶺に通じる道を、そして第十一師団は海軍陸戦重砲隊を指揮下に収めて左翼を南海岸に沿って旅順を目指した。後備歩兵第四旅団は軍の総予備隊として続行した。行軍は夜を徹して行われ、各部隊は翌早朝を期してほぼ同時に前方のロシア軍陣地に攻撃を開始した。

王家屯の南の窪地に設けられた榴弾砲砲床材料集積場。

二十六日は早朝から濃霧がたちこめ、攻撃は思うにまかせなかったが、右翼隊の第一師団はロシア軍を撃破しながら、その一隊は夕方までに営城子市街に突入、さらに兵を進めて双台溝に向かった。

中央を行く第九師団の目標はロシア軍が強固な陣地を構える鞍子嶺攻略である。予想通りロシア軍は強力で、攻め上ってくる日本軍に対し機関銃の十字攻撃を開始した。日本軍は進むも引くもできずに夜を迎えなければならなかった。

左翼を進む第十一師団は海軍陸戦重砲隊と野砲隊の援護を受けて王家屯南方の大白山攻略にかかった。師団はまず左翼隊が大鉄匠山、老左山に突入した。ロシア軍の抵抗は予想したほどではなく、比較的早く占領できた。しかし師団右翼隊が向かった大白山のロシア軍の反撃は凄まじかった。縦横に張りめぐらした掩蓋散兵壕を巧みに使い、這い上がる日本軍に機関銃を乱射する。日本軍の進撃路には断崖絶壁が立ちふさがり、しかも身を隠す遮蔽物や樹木はなにひとつない。日本軍の兵士たちは折り重なって斃《たお》れる。突撃部隊は次々に撃退され、負傷者続出で戦闘隊形のまま夜営に入らざるをえなかった。

翌七月二十七日、第三軍は全線で攻撃を再開した。まず午前六時、第一師団と第九師団

初日の戦闘で早くも第3軍は死傷者が続出した。写真は第1師団衛生隊によって後送される負傷者。

明治37年7月26日、ついに旅順攻撃が開始された。写真は歩兵の突撃を支援するため、盤道西方の丘陵からロシア軍陣地に砲撃を加える砲兵隊。

が展開している右翼・中央隊前面のロシア軍に対する集中砲撃で開始された。戦闘は各戦線とも一進一退の激戦で、全滅する中隊も出るなど、文字通り死闘の連続だった。それでも日本軍は確実に前進し、右翼の第一師団は二十八日午後に双台溝を占領したのだった。

左翼隊の第二旅団は鞍子嶺と兜山(二七一高地及び凹字形山)に向かった。師団砲兵隊は前夜から工兵隊の協力で絶壁の上に砲を引き上げ、陣地を構築していた。そして午前六時半、まず鞍子嶺のロシア軍陣地に砲撃を開始した。ロシア軍の応射も激しい。砲撃戦は昼近くまで続けられたが、ようやくロシア側が衰えを見せたため、歩兵第三連隊第一大隊が鞍子嶺のロシア軍前衛陣地に突撃前進し、白兵戦を展開してこれらの散兵壕を奪取した。しかし山頂のロシア軍はいぜん健在で、反撃の手をゆるめなかった。

その夜、歩兵第三連隊は決死隊を組織して鞍子嶺頂上に夜襲を敢行した。しかし大半の隊員は絶壁を這い上がる途中で撃ち倒され、どうにか敵の陣地に突入できた隊員もことごとく撃ち倒されるか斬殺され、決死隊は全滅してしまった。

中村第二旅団長は予備の第三連隊第三大隊も第一線に投入して、二十八日未明から右は鞍子嶺から左は兜山にいたるロシア軍陣地に一斉突撃を命じた。第九師団の右翼隊もこれに呼応し、戦場は敵味方が指呼の間で銃撃戦を繰り広げる壮絶な戦いとなった。戦いは午前九時すぎ、ロシア軍が陣地を捨てて敗走をはじめ、日本軍の勝利に帰したのである。

左翼、第十一師団も早朝から大白山方面で激戦を展開していたが、傾斜の急な瓦礫の斜面を登る日本軍は次々撃退され、なんとしても頂上を極めることができないでいた。日本軍は夜襲を決行することに決し、二十八日午前一時を期して三方向から一斉に大白山頂上のロシア軍堡塁に攻め登った。

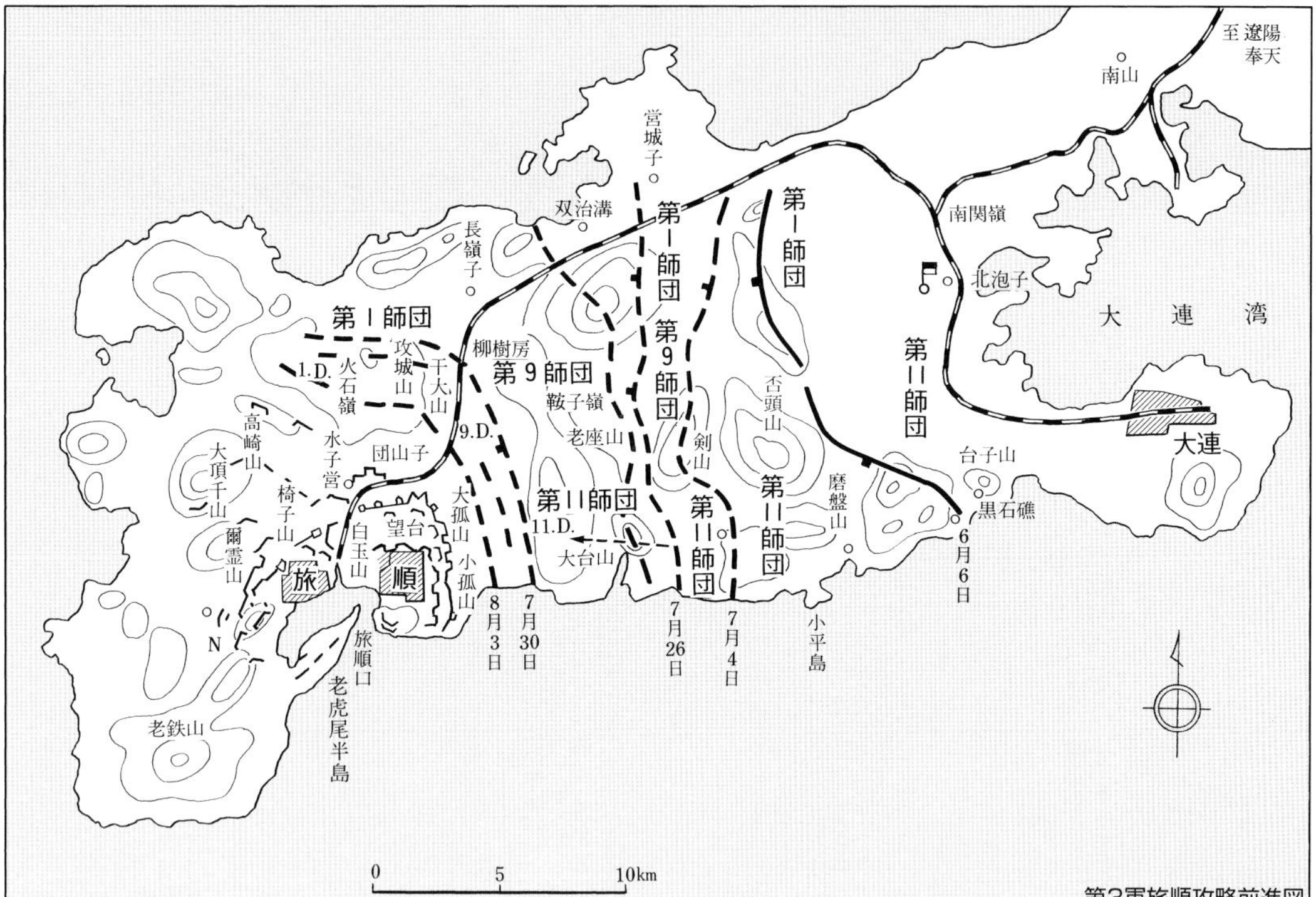

第3軍旅順攻略前進図

この地区を守備していたロシア軍はフォーク少将の第四師団だったが、彼は日本軍の夜襲を確認するや前衛陣地を放棄して、ロシア側が「狼山」と呼んだ小孤山・大孤山に後退するよう命令した。しかし、もう一人の野戦軍司令官コンドラチェンコ少将はまだ戦線はもちこたえられると判断、フォーク少将の命令を取り消して反撃に出た。そのコンドラチェンコも午前三時過ぎには、これ以上の防衛は不可能と判断して部下の将兵に後退を命じなければならなかった。深夜の戦いは朝の五時近くまで続き、ロシア軍の撤退で日本軍は大白山一帯の占領に成功したのだった。

こうして七月二十五日にはじまった旅順要塞前衛陣地攻略作戦は、二十八日の午後四時過ぎには全線で銃砲火が止み、第三軍は予定通り長嶺子から鞍子嶺一帯の線を確保することに成功した。この三日間の戦闘でロシア軍は一万八千名の兵員のうち約千五百名の損害を出し、日本軍は五万七千のうち約二千八百名余の死傷者を出した。

日本軍の初砲撃でパニックの旅順市内

七月三十日、戦闘を再開した日本軍は双島湾—鳳凰山—郭家溝の線に進出した。しかし、旅順本要塞を攻撃するにはもう一つ強力な陣地を攻略しなければならない。本要塞の前面に広がる大孤山と小孤山である。ロシア軍が狼山と呼ぶ大孤山と小孤山は、旅順港から七、八キロのところにある総延長十八キロにもおよぶ低い連峰で、本要塞を弓形に取り巻く天然の強力陣地だった。

八月六日、乃木大将はこの大孤山・小孤山の攻略を命じた。大孤山への攻撃は翌七日午後、攻城砲の砲撃によって始められた。そして陽の落ちるのを待って左翼隊の第十一師団が山麓に突入していった。ロシア軍の銃砲撃も激しく、攻撃は終夜にわたり、さらに翌八日には旅順港から出撃した巡洋艦「ノヴィーク」

と砲艦二隻、水雷艇七隻も一斉に艦砲射撃を加えてきた。大狐山の斜面にへばりつく日本軍は危機的状況に追い込まれ、退却せざるを得なくなった。だが急を聞いて日本の艦隊が駆けつけるや、ロシアの艦艇は旅順港に引き返したため、日本の攻撃隊はかろうじて危機を脱することができた。そして日没を待って突撃を繰り返し、白兵戦を展開して午後八時半、大孤山の奪取に成功した。小孤山の戦闘も文字通りの死闘だったが、九日の午前四時半、日本軍は奪取に成功した。

この三日間の戦闘で日本軍は参加兵員九千百余名中、千二百余の死傷者を数えた。その見返りに、目指す旅順要塞攻撃の攻囲態勢を作り上げることに成功したのである。

陸軍の攻撃に呼応して海軍陸戦重砲隊の砲撃も開始された。陸戦重砲隊は陸軍の攻城砲不足を補うために、十二センチ砲と十五センチ砲の陣地を陸軍が占領したばかりの火石嶺高地の東方に構築した。火石嶺は土城子の南方の旅順街道と鉄道線路との中間にあって、ロシア軍の要塞まではわずか六キロ前後の絶好の位置である。

要塞だけではなく旅順市街や港をも砲撃するため、長嶺子駅北方に重砲を設置する海軍陸戦重砲隊(8月10日)。

海軍陸戦重砲隊の砲撃が命中して爆発する旅順口の黄金山山麓のロシア軍弾薬庫。

八月七日払暁《ふつぎょう》、陸戦重砲隊はまず旅順市街の間接砲撃を開始した。正確な照準はできないが、午前十時になるころには市街は黒煙につつまれていた。さらに重砲弾はロシア海軍の貯油庫を爆破し、鴨緑江木材会社を焼き、市内をパニック状態に陥れた。

砲撃は翌八日も続けられ、九日も早朝から開始された。そして午前九時四十分ごろに放った一弾は戦艦「レトヴィザン」に命中、港内を大恐慌に陥れた。さらに二千トンクラスの貨物船が沈没し、白玉山山麓の火薬庫も被弾して火災が発生していた。

驚いたロシア太平洋艦隊の臨時司令官ウィルヘルム・カーロウィッチ・ウィトゲフト少将は、意を決して全艦艇に出港を命じた。八月十日午前四時三十分、ロシア艦隊は続々と錨を揚げて港外に脱出を開始した。

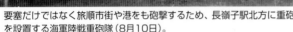

黄海で激突した日露の主力艦隊

ペテルブルグのロシア海軍上層部は、旅順港内に逼塞《ひっそく》したまま動こうとしないウィトゲフトの消極戦法には批判的で、旅順の艦隊をウラジオストクに回航するよう再三命じていた。しかしウィトゲフトは腰を上げようとしない。ところが八月に入り、日本軍の陸上からの砲撃が港内の艦船にも届き始めた。報告を受

消極的なウィトゲフト少将(上)に対し、ついにニコライ皇帝は勅命で旅順艦隊のウラジオストク行きを命じた。右は前線に出発する司令官たちに告別するニコライ皇帝。右下は旅順のドックや東港内に落下する日本軍の砲弾。

けたペテルブルグのロシア海軍は狼狽し、今度は皇帝の勅命《ちよくめい》をもってウィトゲフト少将に艦隊のウラジオストク回航を命じたのだった。八月七日である。

艦隊指揮官としては戦術も勇気も三流のウィトゲフト少将は、ここでも失策をした。要塞司令官グリゴロウィチ少将が、日本の艦隊が待ち受ける黄海を通過するのだから、ウラジオストクには快速艦だけを率いて向かい、低速艦は大連湾に出撃して日本艦隊を牽制してはどうかと進言した。しかしウィトゲフトは「皇帝の私への命令は全艦隊を率いてウラジオストクに回航せよということだ。私は必ずそうするだろう」と、全艦艇の回航を決定したのだ。それだけではない、前日に日本の海軍陸戦重砲隊の砲弾を吃水線下に受け、よたよたになっている戦艦「レトヴィザン」まで連れて行くというのだ。

艦隊は旗艦「ツェザレーウィチ」を先頭に「レトヴィザン」「ペレスヴェート」「ポペーダ」「ポルタワ」「セヴァストーポリ」の五戦艦と「パラーダ」「ジアーナ」「アスコルド」の三巡洋艦、それに巡洋艦「ノヴィーク」に護衛された八隻の駆逐艦と病院船「モンゴリア」という陣容である。この陣容を見れば一見強力に思える。しかし、ロシアの主力艦の大砲類は大半が陸戦の砲不足を補うために陸上砲台に引き揚げられていたから、なかには急な出航命令に取り付けが間に合わず、木で造った偽砲を積んだ艦さえあった。砲を操作する乗組員も陸上戦闘に駆り出されていたため、出航するとき定員不足の艦もあった。これらの損傷艦や戦備不足の艦を同行したウィトゲフト少将の誤りは、まもなく立証される。

ロシアの艦隊は新鋭の快速巡洋艦「ノヴィーク」を先頭に港外に姿を現した。艦隊は港口を封鎖・哨戒していた日本の第一駆逐隊にたちまち発見された。このとき連合艦隊司令長

官東郷平八郎大将率いる旗艦「三笠」をはじめとする第一戦隊は旅順南方四十浬《かいり》（約七十四キロ）の円島付近を哨戒していた。巡洋艦隊で編成されている第三、第五、第六の三個戦隊は旅順口の東方と西方海上で警戒行動をとっていた。午前七時二十分、第一駆逐隊からの無電を受けた東郷長官は、ただちに全戦隊に旅順沖急行を命じた。

午後零時三十分、東郷の第一戦隊は旅順口の南東約五十浬（約九十三キロ）の遇岩付近で南下する単縦陣のロシア艦隊を発見した。このまま進めば反航戦になる。東郷は敵を逃さないためできるだけ海上深く誘い出す戦術をとった。巡洋艦「八雲」を旗艦とする出羽重遠少将の第三戦隊がこの役目を担った。

午後一時、第一戦隊は敵前を横断する形で左八点（九〇度）に回頭して敵陣の右側に出るべく横陣を作り、南南西に進んだ。この日本艦隊の回頭を見たロシア艦隊は東方に舳《へ》先《さき》を向けて逃走しようとした。第一戦隊は再び左八点に回頭して逆番号単縦陣隊形を作った。すなわち、後尾にあった「日進」が戦隊の先頭に立って東北東に突き進んだのである。そして午後一時十五分、「三笠」の主砲が砲門を開き、ほとんど同時に他の戦艦も砲門を開いた。第三戦隊の装甲巡洋艦「八雲」も砲撃に加わった。ロシア艦隊も砲撃を始め、ここに日露の主力艦隊同士の海戦が開始された。いわゆる黄海海戦である。

8月10日、「敵艦隊出撃!」の報告を受け、ロシア艦隊の撃滅を期して突進する連合艦隊主力。

指揮官を失って四分五裂のロシア艦隊

ロシア艦隊の目的は日本艦隊との海戦ではなく、あくまでもウラジオストクへの回航だから、ウィトゲフト少将は砲撃をしながらも、なんとか戦場脱出を狙っていた。

戦闘開始二十分後の午後一時三十分、逃げるロシア艦隊と追う日本艦隊との距離が縮まった。六千から八千メートル。双方とも旗艦を中心にかなり被弾していたが、沈没艦は出ていない。再び回頭をして「三笠」を先頭とする正順序の縦列に戻った第一戦隊は、砲撃を再開した。日本の砲撃は先頭の旗艦「ツェザレーヴィチ」に集中された。「ツェザレーヴィチ」はたちまち黒煙に包まれていった。

ロシア艦隊は徐々に右寄りに縦陣を進めて

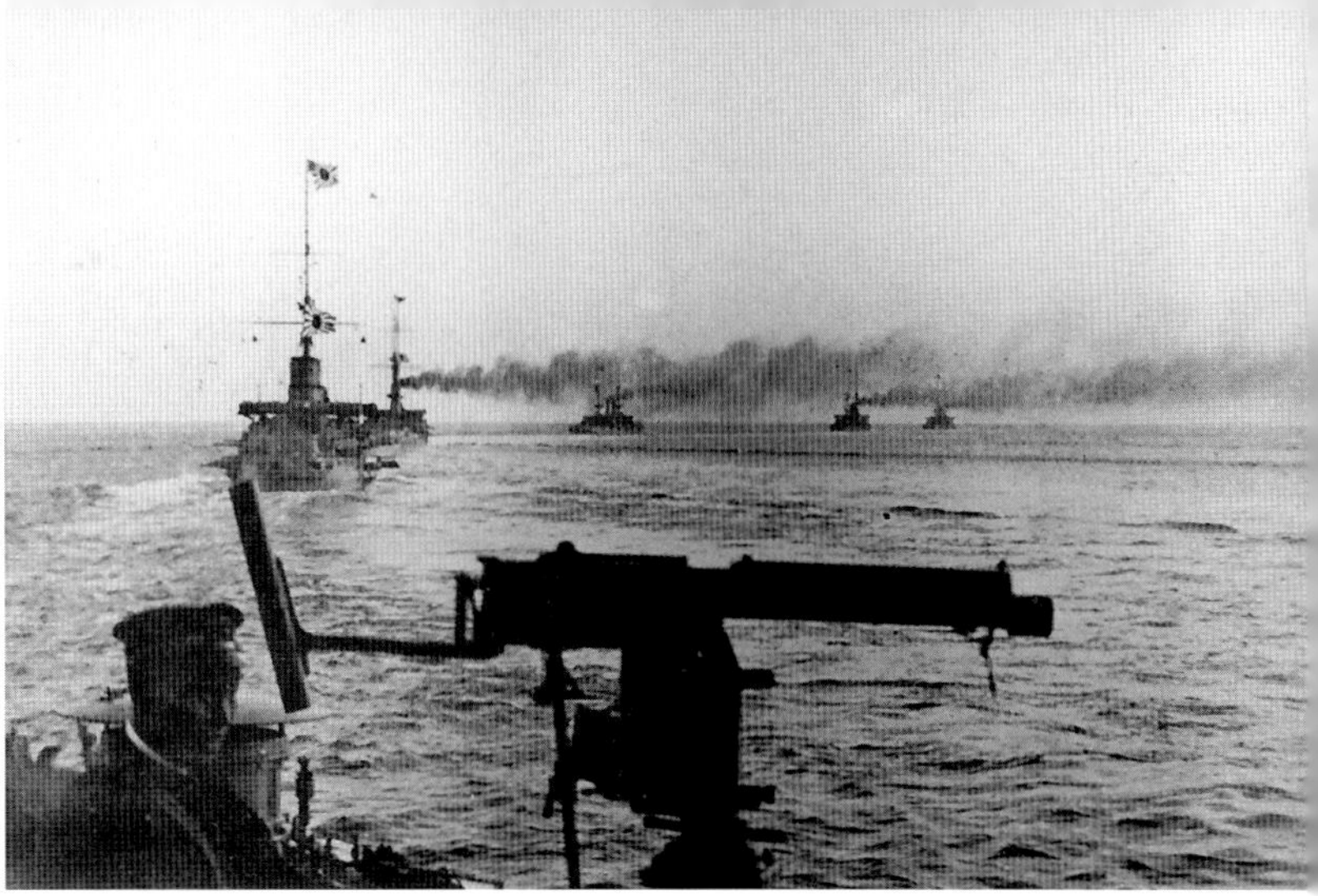

待ちに待った旅順のロシア艦隊の出航に、東郷司令長官は全戦隊に出撃を命じた。

東北に全速で走った。このため西南方に向かう形になった日本の連合艦隊もあわてて反転に入ったが、すでにそのときロシア艦隊はかなり前方を航進していた。日本艦隊はロシア艦隊に並行して追撃する形になり、きわめて不利な態勢である。先頭を行く「三笠」は集中砲撃を受け、二発の直撃弾を食ったメインマス

戦艦「敷島」の砲撃開始と同時にロシア艦隊の第1弾が同艦の近くに落下した（午後3時10分）。

トはほとんど倒れそうになってしまった。人的損害も大きく、艦長の伊地知彦次郎大佐をはじめ八十八名が負傷し、二十四名が戦死していた。

　双方の距離は次第に開き、第一戦隊は砲撃を中止した。午後三時三十分ごろである。これは、東郷はなんとしても敵を旅順に帰らせまいと考え、ウィトゲフトはなんとかしてウラジオストクに逃げ込もうと艦隊を操縦したための結果であった。あと三分早く反転していれば敵を捕捉できたのに……というのが当時の戦評だった。

　しかし速力で勝る連合艦隊は追撃に移り、二時間後の午後五時三十分、ロシア艦隊を射程距離にとらえて砲撃を再開した。そして殷々《いんいん》たる砲撃戦が一時間余も続いた午後六時三十七分、「三笠」の三十センチ主砲弾が一発、偶然にも「ツェザレーウィチ」の司令塔付近に命中し、大爆発を起こした。司令塔にいたウィトゲフト司令官と幕僚は、一瞬のうちに跡形もなく吹き飛んで戦死し、続く第二弾が艦長のイワノフ大佐と操舵手を斃《たお》した。司令塔内の高級将校は全滅した。

　そのとき操舵手は取舵《とりかじ》中で、舵輪《だりん》にすがりついたまま斃れた。「ツェザレーウィチ」は大きな弧を描いて左に転回を始めた。しかし二番艦「レトヴィザン」をはじめとする続行艦は、「ツェザレーウィチ」の左転回の原因を知らないから、旗艦に倣《なら》って次々と左に舵を切っていった。そのため各艦は衝突しそうになり、あわてて右に転回するなどしたため、艦隊は大混乱に陥ってしまった。

　東郷司令長官がこの好機を見逃すはずはなかった。第一戦隊は猛射を加えながらロシア艦隊の東側から進路を抑えにかかった。そ

ロシア艦隊に迫った連合艦隊の戦艦部隊は一斉に砲撃を開始した。砲撃をする先頭艦は「敷島」(3時14分)。

してこのとき第三戦隊はロシア艦隊の南東方にあり、北西方からは旗艦「浅間」の第五戦隊が戦場に駆けつけてきた。三方から日本艦隊に包囲されたロシアの各艦は、それぞれが必死に戦場脱出をはかっていた。

「ペレスヴェート」に乗っている戦艦戦隊司令官のウフトムスキー少将が、旗艦「ツェザレーウィチ」が発光する「ウィトゲフト少将は指揮権を譲れり」という信号をキャッチしたのは、そうした混乱のさなかだった。次席指揮官の地位にあるウフトムスキー少将は、ただちに「ペレスヴェート」に「我に続け」の信号旗を掲げ、旅順に引き返すべく脱出行に入った。

海上は次第に闇が濃くなっていた。東郷長官は午後八時二分、追撃戦を駆逐隊と水雷艇隊に引き継いで戦闘を中止した。その駆逐隊と水雷艇隊も夜通し敵艦を求めて暗夜の海を駆け回ったが、無秩序な作戦のために何らの戦果も得られなかった。

ロシア艦隊は満身創痍《まんしんそうい》ながらも撃沈は一隻もなかった。巡洋艦「ジアーナ」と「ノヴィーク」はウラジオを目指したが、すでに大損害を受けている「ジアーナ」は転覆する恐れがある上に、石炭も底をつきかけていたためドイツが租借している中立港の膠州湾《こうしゅうわん》に向かった。そして燃料の石炭を貰うことはできたが修理は認められず、半分沈みながら出航してフランス領インドシナのサイゴン(現ベトナムのホーチミン市)にたどり着き、フランス軍によって武装解除された。戦艦「ツェザレーウィチ」と駆逐艦三隻も膠州湾に助けを求めたが、こちらは出航する元気がなく、日露の戦いが終わるまで抑留されていた。日本艦艇の追撃をうまくかわした巡洋艦「アスコルド」と駆逐艦「グロゾヴォイ」は上海に逃げ込んだが、こちらも武装解除されていた。

ロシア艦の中で最後まで抵抗したのは「ノヴィーク」だった。艦長のアンドリュー・ペトロウィッチ・スティア中佐は、快速を利して単独でウラジオストクを目指した。黄海を脱出し、太平洋を迂回して宗谷海峡を抜け、ウラジオストクまではもう一息の樺太の大泊(コルサコフ)沖にさしかかったとき、逃走したロシア艦艇の鹵獲《ろかく》を命じられて派遣された快速巡洋艦の「対馬」と「千歳」に発見されてしまった。八月三十一日の夜明け、砲撃戦になった。すでに傷ついている「ノヴィーク」だったがよく応戦し、「対馬」に大損害を与えたものの自らも二十発余の砲弾を浴び、乗組員の多くは斃れ、スティア中佐も重傷を負った。最期を覚悟したスティア中佐は「ノヴィーク」を浅瀬に運び、艦底のキングストン弁を開いて自沈させた。そして生き残った乗組員たちは陸地に泳ぎ着き、それから四十五日間も山野や荒野を何百キロも歩き続けてウラジオストクにたどり着いたという。

こうして旅順のロシア艦隊と連合艦隊の戦いに終止符が打たれた。戦艦六隻、巡洋艦四隻、それに駆逐艦や病院船など合計二十隻で出撃したロシア艦隊だったが、旅順に引き返せたのは戦艦五隻と巡洋艦一隻、駆逐艦三隻だけで、半数を超える十一隻は中立国の港で武装解除されたり自沈して戦力から消えていった。

日本の連合艦隊にとって黄海の海戦は〝後悔〟の多い戦いとなった。だが、旅順に逃げ帰ったロシア艦隊は、以後、港外に姿を見せることはなく、日本の制海権を確実にしたことからいえば、黄海海戦の意義は大きい。さらに、この海戦でとった連合艦隊の「丁字戦法」や「一直角回頭」、そのタイミングなどの成功と失敗は、後のバルチック艦隊との日本海海戦に教訓として生かされる。黄海海戦が日本海海戦に「優るとも劣らなかった戦い」として評価されるのは、こうした理由による。

ウラジオ艦隊を撃破した蔚山沖の海戦

ロシアの太平洋艦隊主力は旅順港にあったが、ウラジオストクにもミニ艦隊があった。フォン・エッセン少将率いる巡洋艦「ロシア」「グロモボイ」「リューリック」「ボガチール」、それに仮装巡洋艦「レーナ」と水雷艇十七隻からなる艦隊である。このウラジオ艦隊は開戦と同時に日本海から太平洋の日本沿岸に出没しては通商破壊戦を行っていて、日本軍に苦汁を飲ませ続けていた。

東郷平八郎長官率いる連合艦隊が黄海でロシアの旅順艦隊と砲撃戦を展開しているとき、対馬にあった上村彦之丞中将率いる第二艦隊主力は、日本海を北上していた。旅順艦隊は必ずウラジオ艦隊と連携作戦をとっているに違いないと判断したからだった。そこで上村長官はまずウラジオ艦隊を撃破し、続いて北上してくるであろう旅順艦隊を撃破しようと、一等巡洋艦隊である第二戦隊(出雲・吾妻・常磐・磐手)を直率して北上を続けていたのである。

上村中将の予測通り、旅順艦隊のウラジオストク回航を知らされたエッセン少将は、旅順艦隊を援護するために八月十二日の午前六時に旗艦「ロシア」「グロモボイ」「リューリック」の三艦で出撃した。いずれも一万トンを超える装甲巡洋艦である。このとき旅順艦隊はすでに敗走を重ねていたのだが、ウラジオストクにそのニュースが伝わったのは艦隊出撃後一時間半も経《た》ってからだった。

八月十四日の午前四時四十五分、第二艦隊は夜が明けはじめた朝もやの中を単縦陣で南下してくるウラジオ艦隊を発見した。そして距離約一万メートルに縮まった午前五時二十三分、「出雲」から「撃ち方始め」の命令が

中国の膠州湾に逃げ込んで戦闘行為を放棄した戦艦「ツェザレーヴィチ」。

旅順に引き返せたロシア艦も大半が戦闘能力を失っていた。左から戦艦「レトヴィザン」「ポルタワ」「ペレスヴェート」。

出され、各艦の二十センチ砲が一斉に火を吹いた。ウラジオ艦隊も応戦を開始し、大砲撃戦になった。

彼我《ひが》の距離はさらに縮まり、並航する形で戦いは進められた。三隻のロシア艦は次々と火災を起こし、もうもうたる黒煙を上げはじめた。「リューリック」はトップマストが折れ、「ロシア」は煙突が破壊された。そしてロシア艦隊は六時六分に右十六点回頭（一八〇度回転）をして逃走態勢に入った。第二戦隊も回頭をして追撃態勢を敷く。

両艦隊は再び並航戦となり、殿艦《しんがり》の「リューリック」は日本艦隊の砲撃を一身に浴びはじめていた。この「リューリック」を救出しようと「グロモボイ」が引き返してきたが、午前六時五十分、「リューリック」はほとんど停止状態になってしまった。そこに旗艦「ロシア」も引き返してきたため、横一線の日本艦隊に対してロシア艦隊は単縦陣の形になってしまった。いわゆる丁字形の陣形である。その最近艦が「リューリック」だったから、第二戦隊の砲弾はますます「リューリック」に集中された。

午前七時三十分、「リューリック」が再び動きはじめた。このとき南南東から航進してくる瓜生外吉少将率いる第四戦隊が見えた。「ロシア」と「グロモボイ」は一斉に回頭して再び逃走態勢に入った。上村長官は瀕死の「リューリック」の始末は瓜生戦隊に任せることにして、逃げる「ロシア」と「グロモボイ」の追撃に入った。そして両艦隊の砲撃戦は午前十時まで続くのだが、長期間海上にあった上村艦隊の各艦は、ロシアの二艦に追いつけない。そのうえ日本の各艦は砲弾が底をつきかけていたため、上村中将はついに「撃ち方止め、戦闘中止」を命じたのだった。

一方、瀕死の「リューリック」を発見した瓜

ウラジオストク艦隊を追いつめて猛砲撃を加える第2艦隊（絵）。

エッセン少将

惨状を呈した沈没直前の
「リューリック」甲板(絵)。

上村彦之丞中将

生少将率いる第四戦隊の「高千穂」「浪速」は、午前八時四十五分から砲撃を開始し、十時三十分には「リューリック」は完全に沈黙し、艦体後部から沈み始めていた。このとき「リューリック」は艦長、副長をはじめ高級士官の大半が戦死しており、もはや抵抗は不可能だった。生き残った若い砲術長の大尉を筆頭とする士官たちは、拿捕《だほ》を防ぐため艦底のキングストン弁を開き、乗組員たちは

国民に罵倒された上村中将

開戦以来、エッセン少将率いる巡洋艦「ロシア」「グロモボイ」「リューリック」を中心としたウラジオストクのミニ艦隊による犠牲は日増しに増大していた。

まず、開戦間もない明治37年4月25日、韓国の元山港付近で商船「五洋丸」と輸送船「金州丸」が撃沈され、陸軍の将兵百余名が運命を共にした。6月15日には玄界灘で「常陸丸」が撃沈され、近衛師団の後備歩兵連隊の将兵千余名などが全滅に近い損害を受けていた。同じ日、傷病兵を乗せて大連から宇品に向かっていた運送船「和泉丸」も筑前沖で「グロモボイ」の砲撃を受けて沈没、7名の戦死者のほか、海上を漂っていた105名が捕虜になった。さらにウラジオ艦隊は津軽海峡を通って東京湾近くにまで進出する大胆さを見せていた。

当時、この艦隊を追っていたのは上村彦之丞中将の第2艦隊だったが、天候の具合や敵艦隊との距離の問題などで捕捉することができないでいた。新聞は上村艦隊への非難を強め、東京の上村長官の私邸には石が投げ込まれたり、短刀を投げ込んで「腹を切れ」と叫ぶ者さえ出る始末。ある代議士などは「濃霧のため敵艦隊を発見できなかったと言い訳しておるが、濃霧を逆さまにして無能だからではないか」といい、ある高官は「あれは露探艦隊だ」と広言してはばからなかった。

しかし上村中将をはじめ第2艦隊員はじっと耐え、恨みのウラジオ艦隊撃滅の機会を待っていた。そしてついにその機会がやってきた。蔚山沖の海戦だった。

上は上村艦隊に救助され、艦上で日本軍水兵の衣服を与えられて着替えている「リューリック」乗組員たちの光景。左上はマストの上部だけを出して沈没した「リューリック」。左は沈没だけは免れてウラジオストクにたどり着き、無惨な姿をさらす「グロモボイ」。

続々と海中に飛び込んでいたのである。

「リューリック」の被害は大きく、乗員八百七十二名のうち二百四十七名が戦死し、海中に逃れた残る六百二十五名は大半が日本の第二艦隊の艦艇に救助され、捕虜となった。

かろうじて日本艦隊の攻撃から脱出した「ロシア」と「グロモボイ」は、海戦二日後の八月十六日に気息奄奄《きそくえんえん》ウラジオストクにたどり着いた。「ロシア」は艦長のベルリンスキー大佐以下、将校の半数以上が戦死し、下士卒の死傷も二百名を超えていた。「グロモボイ」も多くの乗組員を失っており、この両艦の戦死者は合計百三十五名、負傷三百七名を数えたという。

第二艦隊の各艦もかなりの砲弾を受けていたが、いずれも要部を外れていたため航行に支障はなかった。乗組員の損害が一番大きかったのは、艦隊の殿艦を務めた第二戦隊司令官三須宗太郎少将座乗の「磐手」で、戦死四十五名を含む七十五名の死傷者を出した。他の艦はいずれも若干の死傷者を出したものの、人的損害は軽微なものだった。戦いは韓国東海岸の蔚山《ウルサン》沖で行われたところから「蔚山沖海戦」と名付けられた。

八月十日の黄海海戦と、この十四日の蔚山沖海戦によってロシアの極東艦隊は壊滅的打撃を被った。そして日本は日本海と黄海の制海権をほぼ手中にし、中国大陸の陸軍部隊への補給路を確実なものにしたのである。

第5章

遼陽・旅順の二大総攻撃

壊滅した旅順のロシア軍

二十二万対十三万の遼陽会戦

連合艦隊が黄海と韓国東海岸沖でロシアの第一太平洋艦隊を壊滅状態に追い込んでいた明治三十七年（一九〇四）八月十四日、満州軍総司令部は全軍総前進の遼陽攻撃命令を出していた。この遼陽攻撃は第三軍の旅順総攻撃（第一回）に合わせたもので、旅順と遼陽で一斉に総攻撃を敢行し、一挙にロシア軍を撃滅してしまおうという大胆な作戦であった。

遼陽は東清鉄道が南北に走る奉天に次ぐ南満州の交通の要衝《ようしょう》である。その遼陽の中心をなす城市は、東北方から延々と連なる山脈が平野部に消える山麓にある。だから東南の二正面は山峰が自然の城壁を築き、西北の二正面はどこまでも地平線が見渡せる平野が広がる。ロシア軍が早くからこの遼陽に近代的な兵站《へいたん》施設を整え、周辺に強固な野戦陣地を構築して満州の根拠地にしてきたのは、こうした地形と交通の要衝にあったためだった。

日本軍の当初の目的は、これら遼陽を中心に布陣するロシア軍主力の壊滅であった。すなわち遼陽は最後で最大の決戦場になるはずだった。当然、ロシア軍の総司令官アレクセイ・ニコライウィッチ・クロパトキン大将もここ遼陽で日本軍主力を迎撃する態勢で布陣していた。

ところが総攻撃を目前にした八月十三日から、遼陽周辺は満州の雨季特有の大雨に襲われ、鉄道も電信網もいたるところで寸断されてしまった。このため総司令部は八月十七日に開始する予定の鞍山站と湯河沿の攻撃を延期せざるをえなくなった。そして総司令部は天候が回復した後、改めて攻撃命令を出した。第一軍は八月二十八日より、第二、第四軍は当初の予定通り二十六日から攻撃前進となった。そこに大本営から悲報がもたらされた。

八月十九日の早朝から開始された旅順総攻撃は、ロシア軍の頑強な抵抗と堅固《けんご》な永久

日露の激戦の地にされた古都・遼陽（写真は1930年代）。

遼陽に軍を集結させて日本軍撃滅を期したクロパトキン大将。

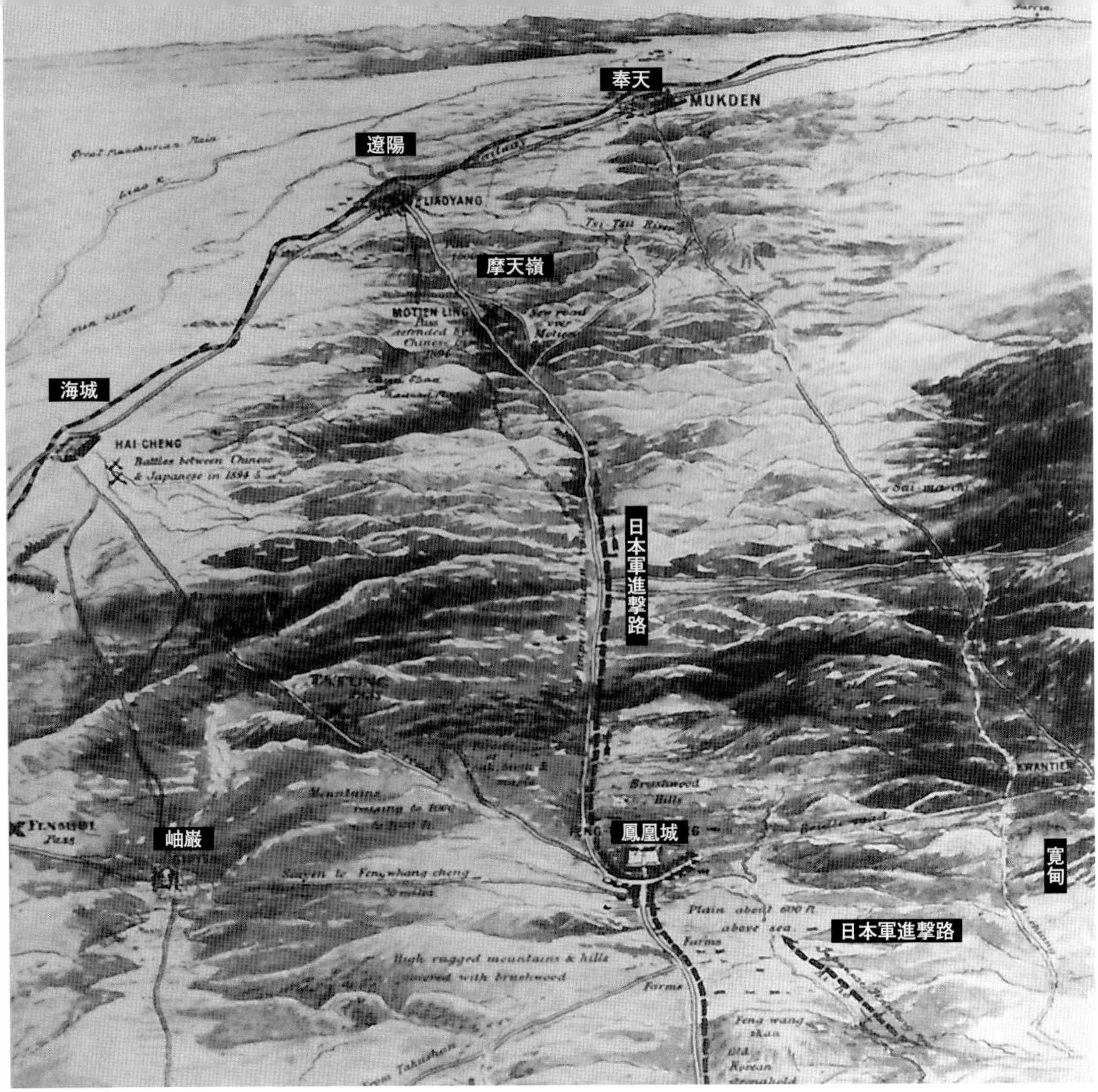

堡塁《ほるい》にはばまれて八月二十四日に中止されたというのである。このため、先に児玉総参謀長が大本営に要求していた砲弾の補給は、次の旅順総攻撃に回すため遼陽方面には送れないから保有の弾薬で戦えというのだ。

遼陽に布陣するロシア軍は強固な防御陣地を築いて日本軍を待ちかまえていた。その防御陣地は二重、三重に構築され、しかもこれらの陣地間は自由に応援、救援ができるよう縦横無尽に掩蔽壕《えんぺいごう》が掘られていた。それら強固な陣地は首山高地を拠点に右翼は太子河左岸から向陽寺、燔家炉、冠家溝、孟家房、野報台といった高地を横断し、左は湯河まで達する長大なものであった。その陣地を拠点にクロパトキン大将自らが歩兵二十六大隊、騎兵十七中隊、砲百六十二門、重砲二十八門、工兵十四中隊を総予備隊として掌握していた。

満州軍総司令部から八月二十八日にロシア軍の左翼陣地攻撃を命じられた黒木為楨大将の第一軍は、第二軍、第四軍よりも一足早く行動を起こした。総攻撃日の二十八日までに、湯河左岸に展開しているロシアの東部兵団を駆逐しなくてはならないからである。その先陣をきったのは近衛師団で、八月二十三日に宿営地の塔湾を出発、浪子山、大西溝付近の敵陣へ向かうため鳳凰城街道を北進した。

第十二師団と第二師団は八月二十五日の夜間から行動を起こし、翌二十六日払暁には

早くも欧露第十軍団の左翼部隊が守備する八般嶺、寒坡嶺、弓張嶺のロシア軍第一防御陣地を夜襲し、これを占領した。さらに二十七日には第十二師団が紅沙嶺を、第二師団が孫家寨南方地区を占領していった。

同じ頃、鳳凰城街道を北進した近衛師団も浪子山から高峰寺一帯の高地に布陣するロシア軍に正面攻撃を開始していた。守備をしていたのは欧露第十七軍団第三十五師団とシベリア第三軍団だった。ロシア軍の迎撃は凄まじく、近衛師団の各連隊はたちまち苦戦に陥った。砲兵も約六十門の火力を一斉に開き、正面を突き進む近衛歩兵第一連隊を包囲態勢下に置いた。

午後四時すぎ、轟々たる砲声を突き破って稲妻が飛び交い、雷鳴がとどろき、戦場は一瞬にして豪雨につつまれた。しかし日本軍は豪雨を衝いて突撃を繰り返し、文字通りの肉弾戦法を敢行した。そしてそのまま夜を迎えた。やがてロシア軍の間に動揺が起こり、退却のきざしが見えてきた。

第一軍は一斉に追撃行動に移った。そして二十七日には四方台の高地から石門嶺、さらには太子河左岸にいたる線まで進出してロシア軍の包囲攻撃態勢を完了させたのだった。

遼陽の南部に布陣するロシア軍と対峙した第二・第四軍も激戦を展開していた。野津道貫大将の第四軍は八月二十五日に第十師団を右翼に、第五師団を左翼にして前進をはじめ、二十六日の払暁に鞍山站の南方にある甘泉堡から東方山地にいたるロシア軍の防御陣地に攻撃を開始した。ここで野津軍を迎え撃ったのはG・K・シタケルベルグ中将率いるシベリア第一、第二軍団とN・P・ザルバイエフ中将の第四軍団で、その兵力は約六、七個師団とみられた。

戦闘は終日一進一退を繰り返し、死傷者続出で日本軍の敵陣突破はならない。ところが総司令官のクロパトキン大将は東方の左翼

遼陽の手前に連なる摩天嶺のロシア軍攻略を前に休憩する日本軍。

摩天嶺の戦闘で負傷した将校を担架で運びながら進軍する第1軍の将兵たち。

摩天嶺の戦闘でロシア軍から鹵獲した戦利品の集積所。前方の建物は武聖廟（7月17日）。

戦線が黒木軍に突破されたことを知るや、南方の第一線防御陣地を指揮するシタケルベルグ中将に首山堡南方の第二線防御陣地に引き揚げを命じたのだ。このためロシア軍は降りそそぐ豪雨と泥濘の中、鞍山站を通り越して首山堡へ退却していった。

G・K・シタケルベルグ中将

摩天嶺の丘陵地帯で迂回攻撃を試みるロシア軍の中隊。

第四軍とともに遼陽の南方から前進を開始した奥保鞏大将の第二軍は、二十六日の明け方までに西は耿家庄子から東は甘泉堡にいたる高地線を占領、二十七日の未明に折からの雨を衝いて鞍山站のロシア軍防御陣地に突撃を敢行した。ところが敵陣には一兵の姿も見えず、もぬけの殻になっていた。被害の少ない第二軍はそのまま追撃戦に入り、ロシア軍の後衛部隊を撃破しながら二十八日には沙河の線まで進出していた。

N・P・ザルバイエフ中将

摩天嶺を越えてジリジリと攻め寄せてくる日本軍を待ちかまえる遼陽郊外クロパトキン砲台のロシア軍。

日本軍に勝利を呼んだ敵将のミス

満州軍総司令部の幕僚たちは、ロシア軍は総崩れの状態にあると判断、この日八月二十八日に各軍に対し総攻撃を命じた。だが、ロシア軍はまだ総崩れにはなっていなかった。前進する日本の各部隊はたちまち強力な攻撃にさらされ始めた。ことに第二・第四軍が攻め入った遼陽前面の首山堡一帯は悲惨な状況を呈し、逆襲に転じたロシア軍主力は日本軍の先遣部隊をことごとく撃退していた。このとき敵陣を突破して遼陽攻撃の予定線に到達していたのは、黒木大将の第一軍だけだった。

八月二十九日、日本軍は一斉砲撃を開始した。しかし三十日になっても戦局は好転しない。遼陽南部の戦場では日露両軍の歩兵部隊が白兵戦を繰り広げ、戦場は凄惨をきわめている。ことに戦線の左翼から首山堡を攻撃する第二軍は苦戦を強いられていた。総司令部は予備の第四師団の大部分を左翼戦線に投入することにした。

八月三十日の午後、右翼の第一軍から報告が入る。遼陽の西方に火災が起こり、「こ

遼陽会戦で黒木軍に捕獲された大砲を奪い返したロシア兵たち(絵)。

上は首山堡の東北高地から遼陽駅付近を砲撃する第2軍の戦利カノン砲隊(9月2日)。左は遼陽西方の鉄道付近でロシア軍を攻撃する第2軍(9月3日)。

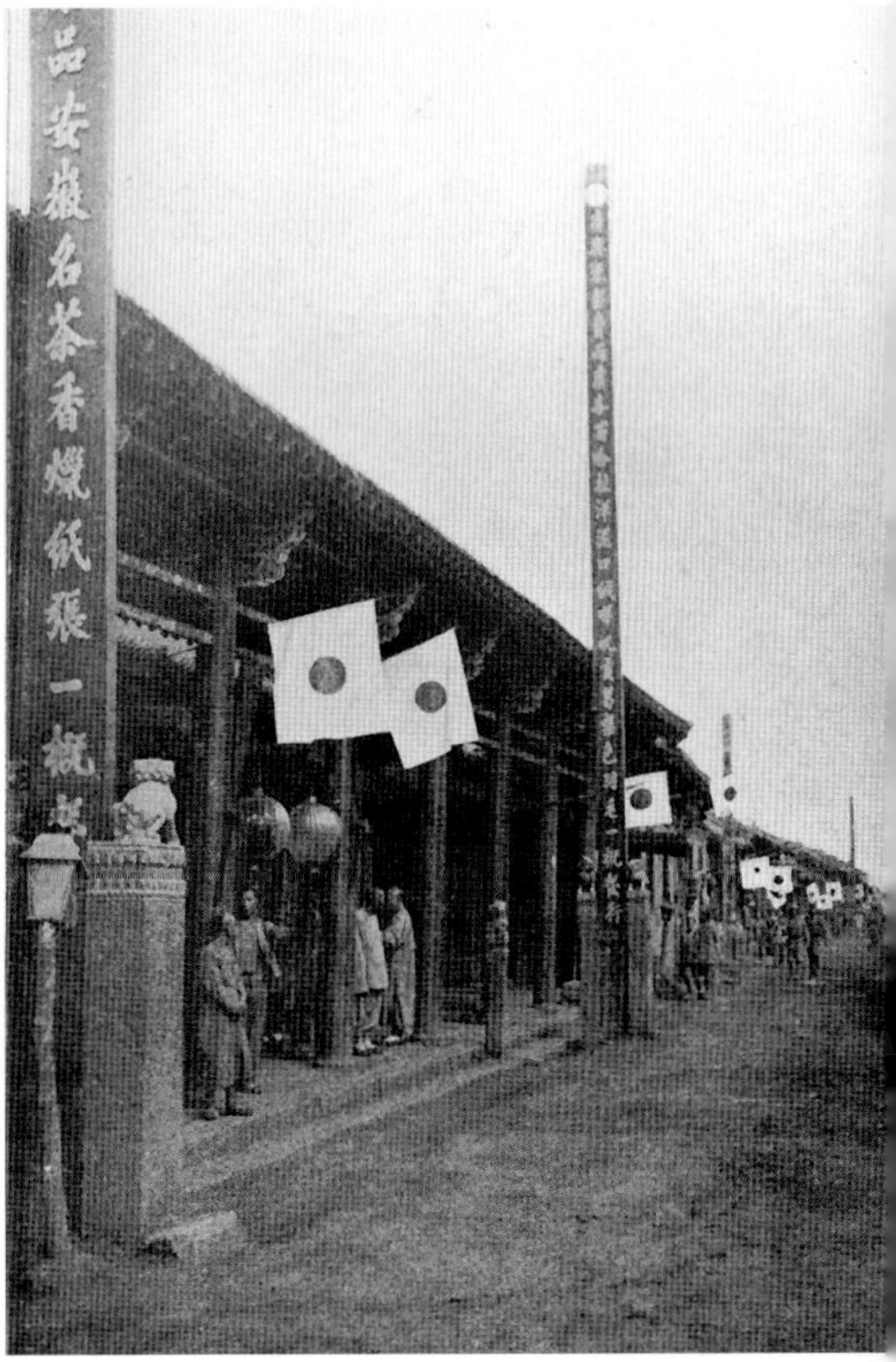

明治37年9月4日、日本軍は激戦の末に遼陽を占領した。すると街の家々の軒先には一斉に日の丸の旗が飾られた。わが大地を日露の戦場にされた中国人たちの生き延びる知恵だったのかもしれない（下）。左は遼陽会戦の最激戦地であった首山堡のロシア軍を攻める歩兵第21連隊の将兵。

れ敵兵退却の兆しなるべし」と。その第一軍は第十二師団を前衛として太子河上流から徒歩で右岸に渡河《とか》をはじめ、三十一日にはその大半が渡河に成功してロシア軍の背後に迫った。猛進で名を馳せた梅沢道治少将指揮の後備近衛混成旅団も同時に渡河し、三十一日午前にはロシア軍の監視哨を次々撃破しながら本渓湖に突進、またたくまに占領してしまった。

　この梅沢旅団の突進はロシア軍に危機感を抱かせ、クロパトキン大将に日本の第二・第四軍と対峙する主力を黒木軍の正面に移動させる功績を生んだ。

　黒木大将の第一軍を過大評価して部隊を移動させたクロパトキンの判断ミスは、遼陽南部の左翼と中央で苦戦している第二軍と第四軍に僥倖《ぎょうこう》をもたらした。九月一日午前二時、第二軍の中央縦隊だった第六師団が、退却するロシア軍の隙を衝いて首山堡の一角を奪取するや、他の第二、第四両軍の各部隊も一斉に突撃して、首山の東側一帯の高地線をことごとく占領したのである。そして右翼の第一軍も戦線正面から移動してきたばかりのロシア軍を次々撃破、徐家溝北方の高地から虎頭崖にいたるロシア軍の防御陣地を占領していた。こうして日本軍は遼陽正面のロシア軍の第二防御線を手中にし、遼陽市街を眼下にする絶好の攻撃陣地を獲得した。戦いの帰《き》趨《すう》はすでにこのとき決まったも同然であった。

　日露戦争の〃海の軍神〃広瀬武夫中佐に対する〃陸の軍神〃は橘周太中佐である。その第二軍麾下《きか》の歩兵第三十四連隊第一大隊長だった橘少佐が戦死（死後進級）したのも、ここ首山堡の戦闘であった。

　遼陽は日本軍の手に帰した。昼夜兼行、延べ七日間におよんだこの戦闘で、勝ったとはいえ日本軍将兵は疲労の極に達していた。弾薬も兵も逼迫《ひっぱく》していた。それ以上ロシア軍を追撃する余力は残されていなかった。

　遼陽会戦に参加した戦闘員は日本軍十三万四千五百、死傷者二万三千五百三十三名。ロシア軍総員二十二万四千六百、死傷者約二万名という膨大なものであった。

第一回旅順総攻撃

明治三十七年八月十一日、乃木希典《まれすけ》第三軍司令官は各師団長と攻城砲兵司令官、砲兵第二旅団長を双台溝の軍司令部に集めて旅順総攻撃開始を指令した。

八月十八日、第三軍は陽の沈むのを待って全軍が前進を開始した。目指すはロシア軍の永久要塞のひとつ二龍山《にりゅうざん》堡塁《ほるい》と東鶏冠山《ひがしけいかんざん》砲台の間である。第一師団と後備歩兵第一旅団が右翼に、第九師団が中央、第十一師団が左翼を進んだ。

八月十九日午前四時三十分、まず海軍陸戦重砲隊が盤龍山《ばんりゅうざん》の各堡塁に向かって砲撃を開始した。陸軍の重砲、野砲も一斉に火を吹き始めた。攻城砲百七十門、野砲八十門、海軍重砲三十門の一斉砲撃は、折からの曇り空を火の海と化した。

ロシア軍の砲撃も開始され、ことに第九師団と第十一師団の正面に位置する松樹山《しょうじゅざん》、二龍山、龍眼《りゅうがん》北方堡塁からの砲撃は日本軍の第一線を襲い、早くも死傷者を続出させていた。

右翼隊の第一師団の主戦場は旅順新市街の北北西五キロにある一七四高地だった。事前砲撃が止むのを待って後備歩兵第一連隊と後備歩兵第十五連隊が一七四高地の西方斜面に突進した。この高地を守備していたのはトレチャコフ大佐の東シベリア狙撃兵第五連隊と第十三連隊、それに旅順艦隊から増援された海軍の二個中隊である。

日本軍はたちまち高地の頂上と周辺陣地からの銃砲撃にさらされ、二個中隊で編成された後備歩兵第一連隊の突撃隊はバタバタと倒れる。突撃隊は戦友の屍の上を這い登り、頂上にたどり着いた者はわずかに七、八十名にすぎない。そのわずかな兵たちも陣地からの銃撃と白兵戦で全滅の危機に陥った。後備歩兵第十五連隊も状況は同じで、瓦礫の斜面に屍の山を築くだけであった。二人の大隊長をはじめ将校の大半が死傷していた。

第一師団長の松村中将は師団予備隊の歩兵第二連隊第一大隊を急派して、各後備歩兵連隊の生存兵ともども終夜にわたって突撃を繰り返した。しかし一七四高地のロシア軍の反撃は衰えず、戦場は朝を迎えた。

午前九時四十五分、戦闘は第一大隊の偵

鳳凰山の東南方高地における乃木第3軍司令官一行。写真の左端で白ズボンに黒服姿で双眼鏡を目に当てているのが乃木大将（7月19日午後4時30分）。

日露戦争は外国にとっても興味の的で、戦場には多くの国から観戦武官や記者、カメラマン、従軍画家たちが訪れた。右の写真は第3軍と行動をともにする外国の従軍記者たち。鳳凰山山麓にて。

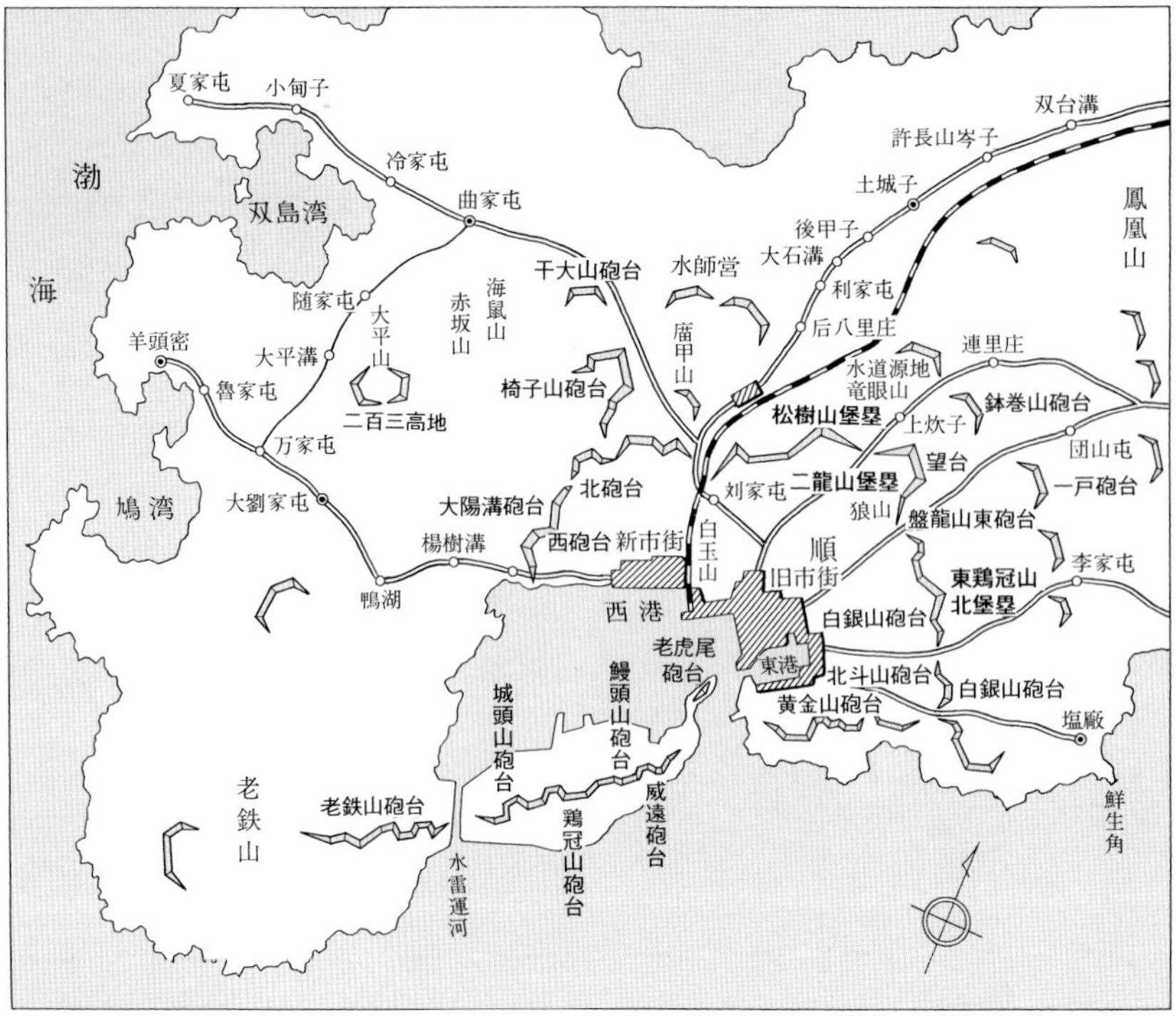

旅順要塞砲台位置図

察攻撃で再開された。日本の一小隊がロシア軍陣地に突撃をかけるや、ロシア軍堡塁は猛然と火を噴いた。日本軍は全滅に近い損害を被り、小隊の将校は全員が死傷してしまった。凄惨な日露の死闘が一時間近くも展開されたとき、高地西南方から攻撃してきた後備歩兵第一連隊主力が戦場に到着した。それを見たロシア軍は退却に入り、一七四高地は十一時半にやっと日本軍の手に帰した。

鉢巻山（寺児溝西北高地）の攻略に向かっている山本少将の第一師団歩兵第一旅団も大苦戦だった。十九日の真夜中に前進を開始した同旅団は、たちまちロシア軍の銃砲火にさらされ、一歩も動くことができない。死傷はみるみるふくれあがり、歩兵第一連隊と歩兵第十五連隊第二大隊の主力は文字通り終日釘づけ状態におかれ、二十一日も暮れる。そして夜の十時を期して第一線部隊は蟻が這い進むように匍匐《ほふく》前進で山麓に向かった。

だが、ロシア軍の銃砲撃は衰えず、周囲の海鼠山《なまこやま》、二〇三高地、椅子山《いすざん》、案子山《あんしざん》の各砲台からの連続攻撃は熾烈をきわめた。日本軍は散兵壕の中でひたすら身を隠す以外にない。その日本軍の散兵壕に二十二日の朝六時二十分ごろ、約一個中隊のロシア軍が突入してきた。爆薬を投入し、石を投げつけ、そこここで格闘戦が起こった。その修羅場の戦場に四囲のロシア軍砲台から雨霰《あめあられ》と砲弾が飛んできた。第一師団の戦史は「敵の巨弾は頻々同高地に炸裂しければ、敵味方の区別なく同時に粉砕せられ、首飛び、腕舞い、悲惨の状実に言語に絶せり」と記した。

第一師団の左翼、第九師団に隣接する地区を進み、水師営を目指す中村少将の第二旅団も悪戦苦闘していた。死傷者続出は他の旅団と同じで、壊滅状態の中隊も多かった。

全軍を奮い立たせた盤龍山の攻略

遼東半島の中央山岳地帯を進む大島中将の第九師団は、右翼を平佐少将の歩兵第十八旅団、左翼を一戸少将の歩兵第六旅団が担当した。右翼部隊の目標は龍眼北方にあるクロパトキン角面堡塁、左翼部隊は盤龍山東西の旧砲台と、その東側にある砲台だった。

八月十九日の夕方、陸海砲兵隊の一斉砲撃ののち、まず歩兵第三十六連隊がクロパト

ロシア軍は日本軍の旅順への進撃路と思われるところにはあらゆる妨害工事を施していた。写真は先端を鋭く削った杭を無数に刺した防御工事。

最前線で日本軍と対峙するロシア軍のライフル・ピットの射撃手たち。

キン角面堡塁に突入した。しかしロシア軍砲台からの集中砲火を浴び、連隊はたちまち苦戦に陥った。全滅を恐れた平佐少将は連隊をいったん後退させ、翌二十日に突撃隊を編成して再度ロシア軍の堡塁に向かった。だがロシア軍の砲撃と機関銃の乱射に見舞われ、連隊は戦線を持ちこたえられず、死傷者の収容もできないまま撤退せざるを得なかった。

　龍眼北方地区の攻略を一時あきらめた大島師団長は、攻撃の主眼を左翼隊の盤龍山東西の旧砲台から東へかけて一戸堡塁―望台《ぼうだい》―東鶏冠山方面に置いた。歩兵第七連隊と歩兵第三十五連隊は盤龍山東堡塁に突撃隊を次々繰り出して突破を試みた。しかしロシア軍の迎撃は凄まじく、突撃隊は飛び出すたびになぎ倒された。陣頭に立って指揮をしていた歩兵第七連隊の大内連隊長が戦死し、大隊長も次々斃《たお》されていた。

戦死した大内守静大佐

　ほとんど前進ができないまま盤龍山の第六旅団は二十日を過ごし、二十一日を過ごし、二十二日の朝を迎えていた。連隊長をはじめ大隊長をすべて失った歩兵第七連隊は、中隊長たちが残兵を集めて戦っていた。工兵第三中隊長の杉山茂広大尉もその一人だった。

　杉山大尉は敵も日本軍同様苦境を強いられているに違いないと判断、敵の機関銃陣地と塹壕の爆破を思い立った。大尉は姫野栄次郎工兵軍曹を指揮官に選び、塹壕爆破を決行させた。匍匐《ほふく》潜行でロシア軍の機関銃陣地に近付き、その銃眼から爆薬を投入した。一回目は爆薬が少なかったために掩蓋の一部を破壊しただけだったが、爆薬を強化した二回目の爆破は大成功で、ロシア軍の機関銃陣地と塹壕は大音響を発して崩れ去った。

　かたずを飲んで爆破行を見つめていた歩兵

第1師団長・松村務本中将

第9師団長・大島久直中将

第11師団長・土屋光春中将

ロシア軍の前進陣地を砲撃する日本の砲兵部隊。左端の脚立の上の兵は弾着観測兵。旅順の近郊で。

旅順市街や港湾攻撃に威力を発揮した海軍陸戦重砲隊の速射砲。8月10日、劉子茂砲台で。

と工兵の残存部隊は、勢いを得て堡塁に突撃、その一角の占領に成功した。さらに日本軍は夕方までに東堡塁をすべて占領し、夜に入って西堡塁も占領、全戦線で日本軍は初めて目的の敵陣奪取に成功した。

盤龍山奪取の報は、敗色につつまれている全軍をふるいたたせた。第三軍司令部はこの盤龍山を突破口にしようと、第九師団の残存兵力をすべてここに集中させ、同じく死傷続出で苦戦に陥っている左翼隊の第十一師団も盤龍山に転進させた。そして両師団は次の目標である望台攻略に向かったのだが、虎頭山山頂は奪ったものの望台の攻略はならなかった。その虎頭山山頂もやがて奪い返され、占領した盤龍山東西堡塁に敷いた砲兵陣地も、弾薬不足からロシア軍砲台に対抗できなくなり、沈黙させられてしまった。

こうして六日間にわたった旅順要塞第一回総攻撃は失敗に終わった。当初の攻略目標のうち、どうにか奪取に成功したのは一七四高地と盤龍山だけで、それも常にロシア軍の砲撃にさらされる危険な占領地である。この総攻撃に参加した日本軍は五万七百六十五名、そして死傷者は一万五千八百六十名を数えた。惨澹《さんたん》たる結果である。八月二十四日、第三軍司令部は総攻撃の中止を決定した。

二〇三高地の攻略成らず

九月五日、第三軍司令部は各師団の参謀長会議を招集した。席上、第一師団参謀長の星野金吾大佐が二〇三高地攻略を提案し、採択された。当面の目的は旅順要塞の奪取ではなく、港内にあるロシア艦隊の撃滅が緊

急課題である。それには旅順新市街の背面にある二〇三高地は市街と港が望める唯一の高地で、砲撃の観測地点としては最適地であるというのが主張の骨子だった。

第三軍の各部隊は九月一日から坑道の掘削《くっさく》作業に取りかかっていた。前回の総攻撃でロシア軍の機関銃掃射で多数の兵員を失ったことから、ロシア軍の陣地近くまで坑道を掘り進め、至近距離から白兵戦を挑もうというのである。九月初め、この第三軍に内地から一万六千人の補充兵が到着した。開戦以来の激戦で全滅に近い連隊や大隊も多かったし、辛うじて戦いをくぐり抜けてきた兵士の多くも、八月ごろから脚気《かっけ》や赤痢、腸チフスなどに冒《おか》される者が続出していたから、新来の補充兵の到着は坑道掘削作業という重労働を強いられている〝歴戦の勇士〟には何よりのプレゼントだった。

九月十七日、坑道の掘削作業がどうにか完成し、第三軍は九月十九日に攻撃を再開した。第一師団は水師営と二〇三高地方面、第九師団が松樹山下の龍眼北方堡塁(クロパトキン堡塁)砲台と鉢巻山方面、第十一師団が東鶏冠山方面という布陣である。

戦闘は午後一時ごろから攻城砲と海軍砲の砲撃で開始された。そして第九師団の歩兵三十六連隊と十九連隊の一部は、午後六時ごろから三方向に分かれて龍眼北方堡塁に突撃した。戦闘は終夜にわたって続けられ、激戦の末の二十日午前六時十分、クロパトキン砲台は日本軍の手に帰した。

第一師団麾下《きか》の後備歩兵第一旅団による二〇三高地に対する攻撃もほぼ同時に始められていた。後備歩兵第一連隊と同第十六連隊は、攻城砲と野砲の事前砲撃のあと、午後六時過ぎに二個中隊からなる突撃隊が行動を起こし、つづいて本隊が前進を開始した。そして二十日の午前二時、後備第一旅団の全連隊はロシア軍の猛攻をかいくぐって全線突撃に入り、二〇三高地の一番下の塹壕を占領、続けて第二堡塁も奪取した。そこへ海鼠山のロシア軍から猛烈な砲撃が加えられた。日本軍はそれ以上一歩も突き進むことができない。後備歩兵第十六連隊長の新妻中佐は友安旅団長に海鼠山への砲撃を求めた。

第一師団の全砲火は海鼠山に集中された。そして海鼠山のロシア軍砲兵が沈黙した二十日夜、後備歩兵第十六連隊の残存兵と同第十五連隊は、終夜にわたって次々と突撃隊を繰り出して二〇三高地の攻撃を続行した。しかしロシア軍の抵抗は衰えを見せず、損害だけがウナギ上りに増えていった。

現地から大本営に到着した報告電は記している。

「九月二十一日　ロシア軍は二〇三高地堡塁に対して数百の増援兵を送り、頑強に抵抗しており、日本軍はいぜんその一角にあって攻撃を続行中。戦闘はすこぶる激烈を極めり」

「九月二十二日　二〇三高地の西北角を占領している日本軍は、連日連夜爆薬を投げ、あるいは礫石を飛ばして攻撃を続行するも、占領地の維持が困難になり、午後六時過ぎ、ひとまず攻撃を中止して旧陣地に引き揚げる」

四昼夜にわたる突撃の連続で、各連隊は文字通りの壊滅状態になっていたのだ。二〇三高地攻略は失敗したのである。このとき各

高崎山と海鼠山のほぼ中間地点にある131高地から見た旅順全景（9月19日撮影）。正面に椅子山砲台、その奥に小案子山砲台があり、日本軍を容易に寄せつけようとはしなかった。旅順港は写真中央の右上方方向。

海鼠山近くのロシア軍堡塁への攻撃命令を待っている第1師団の将兵。

東鶏冠山の砲台と堡塁に向かって攻撃路を掘り進む第3軍の兵士たち（9月14日）。

連隊に残っていた実戦力は、歩兵第十五連隊が約七十名、後備歩兵第十五連隊約百二十名、後備歩兵第一連隊約六十名、後備歩兵第十六連隊約六十名だった。当初から二〇三高地攻略に参加した後備歩兵第一旅団三個連隊は、合計しても三百人に満たない数になってしまったのである。

　さらに悲報はつづき、九月二十四日午後三時四十分ころ、歩兵第一旅団長の山本少将は占領した海鼠山の頂上に立って双眼鏡で前方を視察していた。そこをロシア軍から一斉射撃されて戦死してしまった。

威力を発揮する巨砲

　第三軍の各部隊が攻撃に難渋しているとき、内地の沿岸要塞に備え付けられていた巨大な二十八センチ榴弾砲六門が試みに旅順の前線に運び込まれてきた。九月十四日に大連から列車に積まれ、王家甸子に到着した二十八センチ砲は、そこから砲兵隊と予備の歩兵たちによって人力で前線へ搬送された。一門が砲架なしで八トンもあり、砲弾は一発が二百八十五キロもある。巨砲の搬送は並大抵ではなかったが、必死の搬送でわずか二週間で前線に設置された。そして第一発が十月一日にロシア軍要塞の頭上を飛び越して旅順市街と港に撃ち込まれた。

巨弾の威力は凄まじかった。最初の六発は市内の製粉工場を粉々にし、その後の砲弾はステッセル将軍自身の住まいにも命中し、港内の艦艇群にも届きはじめていた。日本軍は海軍重砲も交えて連日砲撃を敢行し、市内をパニックに追い込んでいた。

十月七日の大本営への報告電はこう記している。

「一日からこの日までの大口径砲によるロシア第一太平洋艦隊への攻撃は、少なくとも戦艦ポベーダに一発、レトヴィザンに四発、ペレスヴェートに四発、ポルタワに五発の命中弾を与えた。この他、海軍砲もこれら各艦に命中弾を与えており、ポルタワ、ペレスヴェート、レトヴィザンの三艦はもはや運動力はなきものと思われる」

二十八センチ榴弾砲の威力を再認識した大本営は、国内要塞の二十八センチ砲を次々取り外して合計十八門を旅順の乃木大将に送った。おりしも十月十六日、ロシアのバルチック艦隊がいよいよリバウ軍港を出港して極東に向かったという報告が入った。バルチック艦隊が遼東半島に到着する前に何としても旅順を陥落させなければならない。乃木大将にとっては至上命令にも等しいバルチック艦隊東航の報《しら》せだった。

戦場では兵員不足に加え、弾薬も極端に不足していた。十月十五日の調査では、砲弾は野砲で一門平均百十四発、山砲で同百二十発しかない。乃木は大本営に、少なくとも一門三百発増やしてもらいたいと要求したが、返答は「当分補給不可能」というものだった。砲弾不足は旅順だけではなく遼陽方面の第一軍や第二軍でも同じで、全戦線にわたって弾薬不足に陥っていたのである。だが補給を待っていたのでは、国内でくすぶりはじめている「旅順はまだか」「乃木は何をしている」という軍民の不満を鎮《しず》めることもできないし、バルチック艦隊の到着前に旅順を陥《おと》すこともできない。第二回旅順総攻撃は、こうした追いつめられた中で開始された。

またも失敗した旅順要塞総攻撃

十月二十五日、乃木軍司令官は二回目の総攻撃命令を出した。攻撃正面は松樹山《しょうじゅざん》から東鶏冠山砲台までとし、第一師団は右翼の松樹山、第九師団が中央の二龍山とP堡塁、そして第十一師団が左翼の東鶏冠山北砲台から東鶏冠山にいたる間で、第一回総攻撃時とその布陣は同じであった。突撃開始はおおむね十月三十日とされた。

攻撃は十月二十六日朝からの砲撃によって開始された。二十八センチ榴弾砲と海軍砲による正面要塞(松樹山、二龍山、東鶏冠山など)、旅順市内や港内への砲撃は熾烈《しれつ》をきわめた。

砲撃は翌二十七日、二十八日と続けられた。この日本軍の事前砲撃は確実に効果を上げていた。二十八日の砲撃では東鶏冠山北砲台の弾薬庫爆発が望見され、海軍砲の攻撃で旅順旧市街と黄金山西北山麓にある製造所では火災が発生し、その延焼は三時間にもおよんだ。

さらに砲撃は二十九日も続けられ、いよいよ十月三十日の総攻撃を迎えた。

この日までにロシア軍の東鶏冠山北堡塁と二龍山堡塁の半掩蓋施設を占領していた第三軍の攻撃目標は、東鶏冠山北砲台から松樹山にいたるロシア軍の各要塞だった。攻撃は第十一師団、第九師団、第一師団の一部によって行われたが、戦況は芳しくなかった。そして攻撃は三十一日以降も続けられるが、守備は堅く、総攻撃はまたも失敗に終わった。

I・I・ロストーノフ編『ソ連から見た日露戦争』は記している。

「日本軍の各縦隊とも、すぐに砲火と小銃=機関銃の一斉射撃に出会った。数分後には、各堡塁、各砲台、防御施設の前の斜面は、戦死者と負傷者で蔽われてしまった。それにはひるむことなく、ある縦隊のごときは、第二号堡塁(東鶏冠山北堡塁)の胸墻《きょうしょう》に突入し、そこに日本の旗をかかげたのだった。だがその数分後には、堡塁守備隊の白兵戦による逆

▲日本本土の沿岸砲台に備えられていた巨大な28センチ榴弾砲がはずされ、旅順戦線に運び込まれた。9月14日に王家甸子に到着するや軽便鉄道で西南の凹地に運ばれ、突貫工事で設置作業が行われ、10月1日に完成した。

▼10月1日の昼前、王家甸子西南の凹地に据えられた28センチ榴弾砲の試射が行われた。写真は試射直後の光景。轟音を発して飛び出した砲弾はあたりを揺るがし、その威力をまざまざと見せつけた。大砲の周囲の白い煙状のものは硝煙ではなく、発射の衝撃で舞い上がった土煙である。

襲によって、敵軍は壕内に追いおとされてしまった」といい、「日本軍兵士の一小班は砲台（P砲台か）に突入したものの、この兵士全員が白兵戦で殲滅されてしまった」と記す。そして午後三時三十五分には砲火も止み、日本軍の総攻撃は中止されたと。

第二回総攻撃で第三軍は千九十二名の戦死者、二千七百二十八名の負傷者を出し、実質、一個連隊半の兵力が壊滅していた。ロシア軍側の損害も大きく、戦死六百十六名、負傷三千八百三十七名、合計四千四百五十三名という膨大なものだった。

旅順要塞はなぜ陥落しないのか？

相次ぐ旅順要塞攻撃失敗の報は国民にとってもショックであった。加えて第三軍に兵を出している東京近県や北関東、北陸や四国では軒並みといってもいいほど毎日のように戦死者の葬儀が行われていたから、悲しみは次第に怒りに変わっていった。

東京・赤坂の乃木邸はたびたび石を投げ込まれ、現役の青年将校が留守宅に押しかけて静子夫人に乃木大将の辞職を迫るという事件も起きた。また、参謀本部の長岡外史次長は乃木大将の罷免を画策したが、満州軍総参謀長の児玉大将の猛烈な抗議と、明治天皇の「乃木を替えてはならぬ」という一言で立ち消えになるという〝事件〟も起きた。

乃木大将の旅順での作戦遂行には、当時も今もさまざまにいわれている。しかし、旅順の作戦が一番長引いている最大の原因は、日本の陸海軍中枢部が、開戦前に旅順のロシア軍要塞に関する正確な情報を何も持っていないのに、あたかも速成の野戦陣地でも攻撃するかのような気軽さで決行を命じたところにあ

28センチ榴弾砲とともに王家甸子南方の149メートル高地からクルップ砲を発射する砲兵第3連隊（10月1日）。

激戦の末に奪取した盤龍山東砲台付近に設けられた歩哨線（10月14日）。

二龍山に面した盤龍山西砲台に設けられた歩哨線にはりつく将兵たち。

二龍山砲台の真ん前のロシア軍陣地に突撃する歩兵第19連隊。しかしロシア軍の激しい抵抗の前に攻撃は頓挫した(10月26日)。

東鶏冠山に向かって掘られた近接坑道の中で待機する突撃部隊(10月26日)。

る。ロシア軍がこれほど堅固《けんご》な永久要塞を築き上げ、これほど頑強に徹底抗戦を挑んでこようとは、誰一人予測していなかったのである。

さらに戦前に立てた砲弾と小銃弾の消費見積りが完全に狂い、現地軍は常に欠乏状態に追い込まれてしまったこともある。あわてた陸軍は急遽、ドイツのクルップ社とイギリスのアームストロング社に四十五万発の砲弾を発注したのだが、それら砲弾が前線に届いたのは翌明治三十八年になってからだった。

もう一つ、旅順要塞攻撃で陸軍中央がおかした最大のミスは、野砲や山砲に榴散弾《りゅうさんだん》を多用したことである。日露戦争の野戦で消費した日本軍の砲弾種は榴弾《りゅうだん》一に対し榴散弾六の割合で、圧倒的に榴散弾が多かった。

榴弾は地上や目的物に直接当たってから炸裂するから破壊力が大きい。しかし榴散弾は空中で炸裂してたくさんの小弾子を雨のように降らせるため、人間の殺傷力に多大の効果をもたらす。しかし小弾子が飛び散る榴散弾は、分厚いコンクリートで固めた旅順の永久要塞にはまるで効果がなかったのである。

旅順のロシア軍堡塁は現在も当時のまま残っているが、そのコンクリート壁には無数の小さな砲弾跡がある。榴散弾が命中した跡だ。しかしコンクリート壁に穴をあけて破壊するまでにはいたっていない。だから何時間もの事前砲撃にもかかわらず、堡塁内のロシア兵はほとんど無傷で、砲撃後に突撃してくる日本軍をことごとく撃退していったのである。第三軍の犠牲者が信じられない数字を示している理由の一つは、日本軍の砲弾種にあったのである。

当然、戦場の砲兵部隊からは榴弾補給の要望が出されていたが、本格要塞戦の実態を知らない東京の陸軍中央は、海外に発注した砲弾も榴散弾中心であった。旅順攻略が長引いたのは、決して現地第三軍司令部の作戦がまずかったからではなかったのである。

白襷隊も突撃した第三回総攻撃

　十一月十三日、旭川の第七師団が新たに第三軍に増援されることになり、部隊は大連に向かった。翌十四日、東京では大本営の御前会議が開かれ、十二月十日までに旅順を攻略し、それができない場合は二〇三高地を占領して港内のロシア艦隊を撃滅すること、などが決められた。命令は満州軍総司令部を通じて第三軍に伝えられ、乃木は幕僚会議を開いて第三次総攻撃の作戦案づくりに入った。ここで登場したのが、第一師団長の松村中将提案の大規模な奇襲部隊—特別予備隊の編成案だった。この特別予備隊はのちに白《しろ》襷隊《たすきたい》として知られる決死隊で、各師団の歩兵・工兵・衛生隊から三千百六名が選抜され、総指揮官には第一師団第二旅団長の中村覚少将が就《つ》いた。

　十一月二十日に大連に上陸した第七師団の前線到着を待っていた乃木大将は、二十三日に第三回総攻撃の軍命令を発した。各師団の攻撃布陣は第二回と同じで、右翼に第一師団、中央に第九師団、左翼が第十一師団で、新着の第七師団は軍の総予備として後方に控えることになった。

　第三軍の名誉を賭けた総攻撃は、十一月二十六日午前零時を期して開始された。だが、前回同様、ロシア軍の反撃は凄まじく、全戦線にわたって苦戦を強いられ、全滅する部隊が相次いだ。午後四時、乃木軍司令官は特別予備隊に出撃を命じた。

　前夜からロシア軍に発見されないよう密かに水師営付近に進出していた特別予備隊は、敵味方の識別のために全員が白い襷を掛け、午後六時、集合地を出発した。出発に先立って乃木軍司令官は中村少将に命令を与えた。

一　貴官の指揮する特別予備隊は、敵の不意に乗じて要塞内に侵入し、敵の防御線を両断し、要塞の陥落を速やかならしむべし。

二　貴官は以上の目的を達成する為め本夜暗を利用し、まず松樹山補備砲台付近の敵塁を奪取して立脚点を占め、猛烈果敢に王家屯東方高地上に在る複郭の一部を奪取し、成し得れば白玉山を攻略し、万一不幸なる情況に陥るとも、其地を死守して来援を待つべし。

「万一不幸なる情況」とは、全滅に近い情況が訪れてもその地に止まれ、というきわめて厳しい命令である。

　白襷隊は中村少将を先頭に、松樹山堡塁の後方にある補備砲台を目指して夜の旅順街道を黙々と進んだ。第一師団参謀だった和田亀治大尉の回想によれば「暗夜のことですから、途中までは敵に知られずに行きましたが、斜面中腹に達したとき、敵の地雷に引っ掛かったのです。それが敵への警報となりまして、探照灯で照らされ、同時に集中射撃を受けたのです」という。

　部隊は決死隊だから、委細かまわず進撃を続けた。そしてロシア軍陣地の補備砲台に飛び込んで日本刀で斬り合いをした将校もいたが、やがて旅団副官が戦死し、旅団長も負傷する。こうして多くの指揮官を失った白襷隊の生存兵はやむなく戦場を引き揚げ、夜明けまでに水師営に帰ってきた。

「夜が明けてみますと、補備砲台の下の斜面はまるで飯の上に蝿が止まったように、我が忠勇なる戦死者の死骸でもって覆われていました。それを収容の途がないので、一時、その局部的休戦をこっちから申し込んで、その死骸を収容した次第であります。決死の白襷隊の奇襲も功を奏せず、実に遺憾のきわみでありました」(和田大尉回想談)

　こうしてロシア軍堡塁への正面攻撃は、またもや中止のやむなきにいたった。二十六日からの戦闘で日本軍は死傷四千五百名を出し、ロシア軍も戦死だけで千五百名以上の犠牲者を出した。

ついに陥落した旅順要塞

　旅順要塞の正面攻撃を中止した日本軍は、二〇三高地(爾霊山)と老虎溝山の奪取に戦

第3回総攻撃を前に編成された特別予備隊。夜陰でも敵味方を識別できるよう決死隊員は全員が白襷を掛けた。

日本軍の砲撃で爆発するロシア軍の東鶏冠山北砲台の弾薬庫（11月26日）。

術を切り替え、第一師団に対して砲撃後の突入を命じた。同師団は十一月二十八日払暁より砲撃を始め、突撃を繰り返したが、第三回総攻撃後さらに強化された二〇三高地の防禦は堅く、双方一進一退の戦闘を繰り返す。

日本軍の手に陥ちた203高地は、日露両軍の戦死者が折り重なり、凄惨な様相を呈していた。

十一月二十九日、死傷者続出の第一師団が戦闘力を消耗してしまったため、乃木軍司令官は第七師団の投入を決め、第七師団長大迫尚敏中将に第一師団の残存部隊も合わせて指揮をさせた。こうして旅順の攻防戦は完全に二〇三高地に移っていった。

十一月三十日も二〇三高地への砲撃は早朝から集中的に行われ、第七師団の突撃が再開された。この夜、大本営に着電した第三軍からの報告は「攻囲軍の一部は本日午前十時より二〇三高地に対し、既に奪取せる頂上付近の壕溝より攻進し、頂上にある堡塁の西南角を争い、午後七時に至るも尚激戦中なり」と苦戦を伝え、翌十二月一日着電はこう報告している。

日本軍の猛攻の前に陥落寸前の203高地。ロシア軍側から見た光景で、多くの死者を残して退却に入っている。

「攻囲軍は十一月三十日払暁より砲撃を開始し、午後四時に至るまで数回の突撃を行ないしも、敵の抵抗頑強にして奏功に至らず。午後五時ごろ二〇三高地西南部に向かいたる部隊は突撃を強行して嶺頂下約三十メートルに肉薄し、午後七時増援隊とともに嶺頂に向い突入して遂に之を占領せり。その東北部に向かいたる部隊もまた突撃を実施し、午後八時二〇三高地全部を我有とせり。この高地の東側には敵の死屍累々として、未だその数を調査するに暇あらず」

実際は二〇三高地の完全占領はまだで、さらに数日間白兵戦が続く。

二〇三高地は悲惨をきわめ、ロシア軍の状況も危機的様相を呈していた。十二月一日の

日本軍が奪取した直後の203高地のロシア軍塹壕。多数のロシア兵の死体が散乱し、戦闘の凄まじさを物語っている(12月9日)。

夕刻までに包帯所にやってきた兵は千六百名を数え、五日間の戦闘で約二千五百名の死傷者を出していた。だが戦いはやまず、十二月二日から五日まで、二〇三高地の日露両軍は文字通りの接近戦を続行、血みどろの陣地争奪戦を繰り広げた。

十二月五日午前八時十五分、日本軍は二十八センチ榴弾砲をはじめ、すべての兵器を動員して二〇三高地と隣の老虎溝山に攻撃を開始し、突撃部隊は九時十五分に行動を起こした。ロシア軍の攻撃も熾烈であったが、日本軍は夕方までに二〇三高地に二つある西南山頂と東北山頂の二つの山頂を占領、ロシア軍の逆襲も退け、ここに旅順港砲撃の観測基地を確保したのだった。

旅順港と市街が一望できる203高地という絶好の観測所を奪取した第3軍は、ただちに旅順港に停泊するロシアの艦隊と各要塞に向けて砲撃を開始した。上の写真は28センチ榴弾砲の砲撃。

旅順要塞の攻防戦は、この時点で実質的には雌雄が決していた。それにしても二〇三高地の攻略戦には膨大な数字が並ぶ。日本軍は十一月二十六日から十二月六日までの戦いに約六万四千名の戦闘員を投入し、戦死者が五千五十二名、負傷者一万千八百八十四名、合計一万六千九百三十六名という信じがたい損害を出したのである。戦後、二〇三《にれいさん》高地が爾霊山《にれいざん》と呼ばれるようになったのは、この酷寒の戦場に散っていった兵士たちへの鎮魂の意味が込められている。

12月18日、第11師団は東鶏冠山を占領し、日本軍は旅順の攻防戦を決定づけた。上は占領直後の東鶏冠山北砲台。

二〇三高地を確保した日本軍は、ただちに港内のロシア艦艇に対して砲撃を開始、十二月中旬までに旅順のロシア太平洋艦隊を壊滅させたのだった。

二〇三高地が日本軍に奪取されるや、要塞のロシア軍の士気は急速に低下していった。食糧も弾薬も尽きてはいたが、旅順の象徴ともいうべき艦隊が壊滅し、もう一つ、兵士たちの心の支えになっていたコンドラチェンコ少将が戦死してしまったことである。無能なステッセル中将に代わって、スミルノフ中将を支えて常に第一線で日本軍と戦ってきたコンドラチェンコは、十二月十五日、東鶏冠山で日本軍の二十八センチ榴弾砲の犠牲になってしまったのだ。

旅順のロシア軍降伏後、ロシア軍のある現地指揮官は言った。

「コンドラチェンコ将軍が戦死しなかったら、この要塞はまだ日本軍に渡しはしなかったはずなのに……」

士気の衰えた軍隊はもろい。十二月十八日、第十一師団は東鶏冠山を占領し、激戦を続行していた第九師団も十二月二十八日に二龍山を奪取、つづいて第一師団も三十一日に松樹山を陥落させたのだった。旅順を取り囲む三大堡塁を奪われたステッセルには、もはや戦う気力はなかった。

乃木・ステッセル、水師営の会見

明治三十八年(一九〇五)一月一日午前九時、第三軍は旅順市街に向けて一斉砲撃を開始した。その二時間後の十一時過ぎ、砲煙のたちこめる旅順市街の一角にあるロシア軍司令部の屋上に白旗がひるがえった。

やがて敵将ステッセル司令官の降伏書簡を携えたロシア軍参謀部士官マルチェンコ少尉が軍使として第一師団の前線を訪れた。少尉は営城子の第三軍司令部に案内され、正式にステッセル司令官の降伏書簡を日本側に手渡した。午後三時三十分であった。

翌一月二日午後一時、ロシア軍の降伏軍使として旅順要塞地区参謀長ヴェ・ア・レイス大佐とシチェンスノヴィッチ大佐(戦艦「レトヴィザン」艦長)が随員とともに水師営に到着、日本側の全権代表・第三軍参謀長伊地知幸介少将と連合艦隊第一艦隊参謀岩村国次郎中佐との間で降伏条件について交渉ののち、午後四時三十分に旅順開城規約の調印が行われた。こうして延べ百五十余日にわたった旅順要塞をめぐる攻防戦は幕を閉じたのである。

203高地を奪取した日本軍の正確な砲撃によって沈没、あるいは擱座した旅順港内のロシア艦隊。陸地の施設も鉄道も砲撃で大損害を被っていた。

のちに小学唱歌にもなった「水師営の会見」は、旅順降伏文書(開城請条の件に関する規約)の調印が行われた三日後の一月五日午前十一時から始められた。会見は乃木希典司令官の発案で、前日にステッセルのもとに伝えられていた。

ステッセル将軍が参謀長のレイス大佐、マルチェンコ、レブレスコイ両少尉と六名のコサック騎兵を連れて水師営に到着したのは午前十時三十分、乃木将軍の一行はやや遅れて十一時十五分に会見場の農家に入った。乃木将軍に同行したのは伊地知参謀長、角田、安原、松平の三参謀に、通訳として川上俊彦外務書記官(大連駐在)の六名である。

会見は両将軍が双方の軍隊の健闘を称え合い、なごやかなものだった。そして最後に両参謀長を交えて昼食をともにし、お互い無事に帰国したならば文通を交わそうと約束し、ステッセル一行は午後一時十五分、旅順に帰っていった。

だが、ロシア本国に帰ったステッセルを待っていたのは、軍事裁判の被告席であったという。

1月2日午後1時、乃木軍の伊地知参謀長と降伏条件を交渉するため水師営に到着したロシア軍の降伏軍使レイス大使とシチェンスノヴィッチ大佐

乃木・ステッセル両司令官が会見した水師営の農家。現在も当時のまま保存され、観光名所になっている。

◀明治38年1月5日、日露両軍の指揮官、乃木大将とステッセル中将は水師営の農家で会見をしたが、このとき海外の報道員が写真撮影を申し出た。ところが乃木司令官は「後世まで恥を残すような写真を撮らせることは、日本の武士道が許さない」と拒否したが、「会見が終わり、友人として同列に並んだところならよい」と答え、この写真を撮影した。中列の右から伊地知参謀長、ステッセル司令官、乃木司令官、レイス参謀長。

▼1月14日、水師営の東方で行われた戦没者の招魂祭で祀文を朗読する乃木大将(下左)。下右は日本軍に護送されるロシア軍の幹部たち。写真中央右が旅順要塞司令官のスミルノフ中将、左が旅順要港司令官のグレゴロヴィッチ少将。

第6章

日露の果てしなき消耗戦

沙河から奉天へ、史上最大の会戦

満州の前線に増援されるコサック騎兵を閲兵するニコライ皇帝。

日露六万余の損害を出した沙河の会戦

遼陽の会戦で敗れ、全軍を奉天一帯に退却させたクロパトキンは、ここ奉天（現・瀋陽）を決戦場と定めて戦線の建て直しを必死にはかっていた。ロシア本国からは第一軍団をはじめシベリア第六軍団など続々と増援部隊が到着し、その兵力は遼陽会戦前を上回るほどになっていた。ところが日本軍はいっこうに攻撃の気配を見せない。現地諜報員の報告によれば兵員や武器弾薬の補充に追われているという。

春の雪解けを待たず密かに攻勢をかけようと、ロシア軍は増援部隊を続々と前線に送り続けていた。

当時、クロパトキンは日本の兵力をかなり的確に読んでいた。九月二十日に奉天から本国に送った彼の電報によれば、日本軍には歩兵百八十個大隊があり、一大隊を八百人とすれば、その総員は十四万四千人になる。これに騎兵六万二千、砲六百三十門と推定されると。実際の日本軍はもっと少なく、クロパトキンの推算は過大なものではあった。しかし、過大評価した日本軍の兵力に対しても、クロパトキンはなお「わが軍は優っている」と判断、日本軍の補充が整わない今のうちに攻勢に出ようと考えたのである。

クロパトキンが攻撃を急いだ理由はもうひとつあった。九月下旬にペテルブルグの御前会議は、相次ぐロシア軍の敗報にクロパトキン大将の指揮能力を疑う者が続出した。そこで陸軍大臣のビクトル・ビクトロウィッチ・サハロフ将軍は、満州のロシア軍を第一軍と第二軍の二つに分け、クロパトキンを第一軍司令官に、第二軍司令官にはオスカー・カシミロウィッチ・グリッペンベルグ大将を新任することにした。満

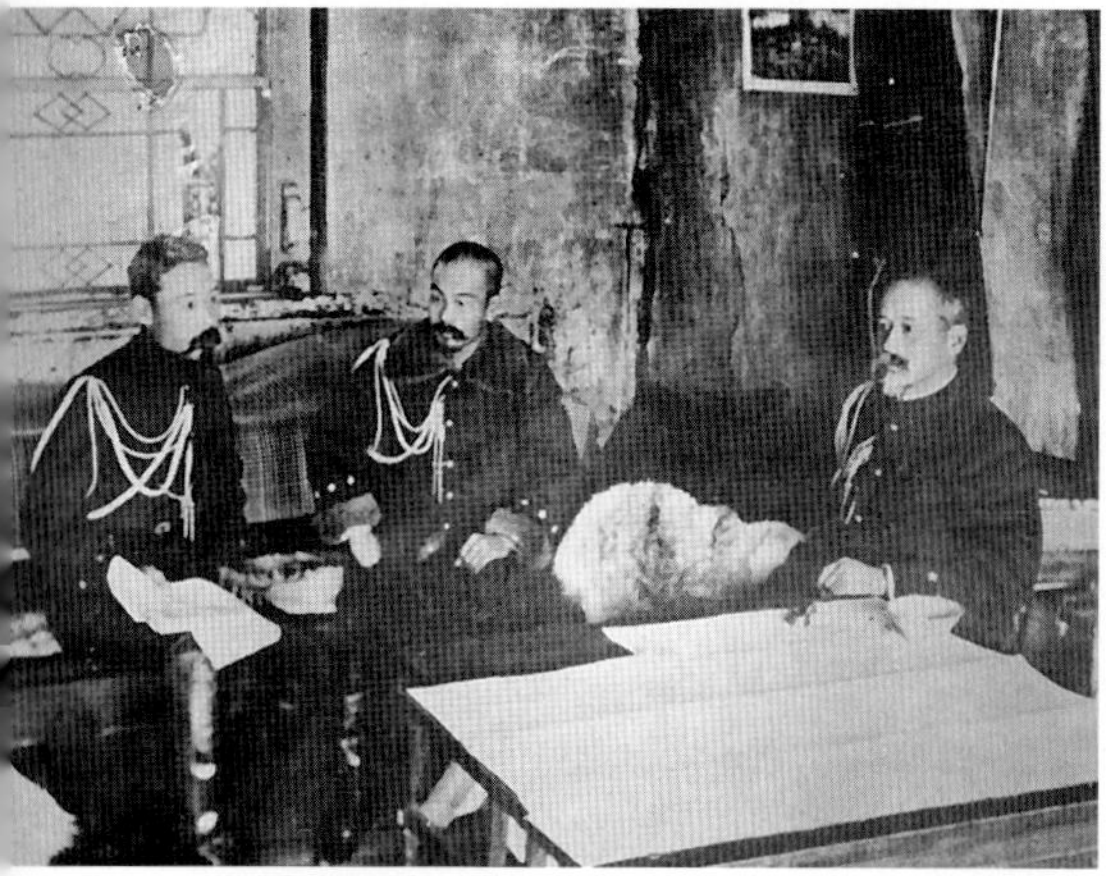

児玉総参謀長は沙河で対峙するロシア軍に先制攻撃をかけるため、各軍の参謀長の意見を聴取し、作戦開始を命じた。写真は烟台の満州軍総司令部の児玉（右端）と幕僚。

ロシア軍以上の損害を出している日本軍もまた、補充兵を次々と前線に送り続けた。写真は横浜港から前線へ出発する将兵たち。

レンネンカンプ中将

グリッペンベルグ大将

サハロフ大将

州軍総司令官のクロパトキンにすれば明らかな降格人事であった。

陸軍大臣から〝降格〟の秘密電報を受けとったクロパトキンは、グリッペンベルグが現地に赴任する前に自分の存在をアピールする必要があった。そこで日本軍への一大反撃作戦を決意したのである。それが十月九日に開始した「沙河《さが》の会戦」と呼ばれる戦闘である。

このロシア軍の動きを察知した満州軍総司令部の児玉総参謀長は、各軍の参謀長の意見を聴取し、十月十日を期して先制攻撃をかけることにした。総司令部は第一軍に対してただちに攻撃準備命令を出し、太子河《たいしが》左岸で休養していた後備歩兵第三旅団と砲兵第一旅団を右岸に進出させた。さらに大連に集結している第八師団を遼陽に呼んで総予備隊にすることも決めた。

総攻撃を前にした第一軍は、軍主力から突出している梅沢少将の後備近衛混成旅団を後退させようとした。ところが十月八日の朝、梅沢旅団の退却を発見したロシア軍は雪崩をうって押し寄せてきた。同時にロシア軍のパーベル・K・レンネンカンプ少将指揮の騎兵集団とアレクサンドル・バシリッチ・サムソノフ少将指揮下のシベリアコサック師団が太子河上流から迂回して、梅沢旅団の最右翼・本渓湖《ほんけいこ》を守備する部隊を包囲下に置いてしまった。梅沢少将は麾下《きか》の一部を割いて守備隊の救出作戦

遼陽の東南方から前線に向かって行動を開始した第1軍の近衛師団。

大英守屯北方高地（三塊石山北方）から砲撃する第1軍独立野戦砲兵隊（10月16日）。

戦闘は激烈をきわめ、日露両軍の死傷者は激増していった。写真は第2軍の負傷者後送（10月15日）。

に出た。さらに翌九日、第一軍司令部は第十二師団と騎兵第二旅団を救援に送り、必死で本渓湖の守備にあたった。激闘は十日、十一日と続き、そして十二日になってようやくロシア軍の撃退に成功した。しかし、日本軍の先制攻撃案はもろくも崩れさってしまった。

総司令部は十月十日午後八時、各軍司令官にただちに迎撃態勢をとるよう命じた。すなわち第一軍は奉集堡に向かって攻撃を開始し、第二軍は前面の敵を撃破して沙河堡に前進し、第一軍を増援するために第四軍の右旋回を容易にするよう行動せよというものだった。

第四軍は十日夜から攻撃を始めた。しかしロシア軍の頑強な防御態勢にはばまれて右旋回の機会がつかめない。第二軍と秋山騎兵旅団も楊家湾、沈旦堡《ちんたんぽ》の線を占領したが、第四軍の旋回運動を援助するだけの余裕はなかった。そこで総司令部は砲兵第一旅団の一個連隊を第四軍に増派し、さらに後備歩兵第三、第十一旅団も第四軍の指揮下に入れて戦線の挽回《ばんかい》をはかった。増援を得た第四軍は、十一日の夜、ロシア軍の拠点になっている三塊石山を強襲し、占領に成功したのだった。

そして日本軍は十三日から一斉に攻勢に転じ、激戦三日、十五日になってロシア軍の大半は沙河の右岸に退却していった。だが、第四軍の前面の万宝山と第一軍の前方の歪頭山のロシア軍はいぜん激しく応戦し、日本軍の占領をこばんでいた。十六日の夜に第四軍の山田支隊と第三師団はいったん万宝山の占領に成功したが、再び逆襲にあって部隊は全滅に近い損害を受け、大砲十四門を捨てて逃げるという大敗北を喫してしまった。

しかしロシア軍も日本軍を追撃する余力はすでになく、十月十七日には全戦線で砲火はやんだ。この沙河の会戦に投入された兵力はロシア軍が砲七百五十門、戦闘人員二十二万一千六百名で、死傷者は四万一千三百四十六名という膨大なものだった。一方、日本軍の損害も大きく、砲四百八十八門、戦闘総員十二万八百名で、死傷者二万四百九十七名を数えている。

沙河の会戦で日本軍の位置を観察するクロパトキン司令官と幕僚（上）。下は日本軍の砲撃で破壊され、退却に際して遺棄していったロシア軍の武器弾薬類。

第４軍首脳。中央が野津司令官、左は上原参謀長、右は立花参謀副長。

鴨緑江軍の編制と春季攻勢準備

日本軍は戦闘に勝ちながら、兵力と砲弾の不足から、遼陽に続いてまたもロシア軍主力の退却をむざむざと許してしまった。満州軍の幕僚の間には、これからの戦闘は十分に砲弾が補給されるのを待って、余力を残して攻撃するのでなければロシア軍主力を壊滅させることは難しいとする意見が強まっていた。

沙河の会戦以後、満州の広野は早くも厳寒の到来を漂わせていた。冬期の平均気温が零下二十度で、さらに下がることも珍しくはない。実際、食糧も凍りつき、日本の将兵は焼き握り飯を作って常に体温で暖めていたが、それでもカチンカチンに凍ってしまい、二、三十分も煮なければ食えなかったという。とても戦闘などできる状況ではない。沙河の会戦後、日露両軍は寒さを防ぐ陣地の設営に追われ、戦争は自然休戦の状態に入った。そして十二月に入ると、沙河をはさんで東西百キロにおよぶ陣地に潜む三十五万の日露両軍は、じっと対峙したまま冬営に入った。

日本軍の次の目標は奉天攻略におかれていたが、作戦開始をいつにするかが問題であった。河川の解氷が始まる春先まで待てば道路はぬかるみ、軍の作戦行動は著しく阻害される。ではどうするか？　満州軍総司令部が出し

た結論は、河川や凍土の解氷が始まる直前の結氷期間内に開始するというものだった。

　だが、それまでにはまだ日時がある。兵士も将校も、そして各司令官たちも凍てつく寒風の中で明治三十八年（一九〇五）の元旦を迎えた。その一月一日、総司令部は待ちに待ったお年玉を手に入れた。旅順のロシア軍が降伏し、旅順港のロシア艦隊は日本軍の砲撃で壊滅したという知らせが入ったのだ。これで大本営も満州軍総司令部も奉天攻略一本に集中できる。いや、旅順の攻略によって、もしかしたら日露講和がなり、戦争は日本の勝利で終わるかもしれないという期待もあった。

ロシア軍も越冬用の塹壕構築に追われていた。奉天の東方で。

　当時、アメリカのルーズベルト大統領は積極的に日露の講和に動いていたが、ロシアは政府にも皇帝ニコライにも講和の意思はなかった。それは極東海域に向かっているバルチック艦隊が必ずや日本艦隊を撃滅し、日本海の制海権を取り戻して満州の戦局を逆転させてくれると信じて疑わなかったからである。

　満州軍総司令部は奉天攻略の準備を急いだ。一月十八日から開かれた満州軍作戦会議では、第四軍の気象観測データに基づいて、今年は比較的降雪量が少なく、氷の融けはじめるのが例年よりやや遅れるであろうという予測を参考に、「奉天占領を三月十日までに完了する」という方針を打ち出した。

厳寒の沙河で滞陣するため、日本軍は写真のような洞窟陣地を造った。

　現地の満州軍が次の作戦計画に追われているころ、東京の大本営でも新軍編制に追われていた。旅順を攻略した第三軍の編成替えと鴨緑江軍の新編制である。一月十二日、大本営は旅順攻略に苦戦した第三軍から現役の第十一師団を引き抜き、これに後備第一師団を加えて鴨緑江軍をつくり、大本営直轄部隊にしようとした。大本営の考えは、この新軍を韓国と中国（満州）の国境地帯、すなわち鴨緑江一帯の防衛を担当させ、できれば満州に進出させてロシア軍の左翼を牽制《けんせい》させようという思惑があった。そうすればロシア軍は韓満国境方面にも兵力を割《さ》かなければならず、奉天攻略を目指す日本軍主力を間接的に援助できると踏んだのである。

　鴨緑江軍司令官には川村景明《かげあき》大将が任命されたが、新軍の指揮系統に対して満州軍総司令部から反対が起こった。大本営が考えている満州の東北部は山間地帯で、とても二個師団程度の兵力で守備できるものではない。それよりも満州軍の指揮下に置いて、奉天攻略に兵力を集中させるべきであるというのだ。結局、鴨緑江軍は独立した軍団ではあるが、その作戦は満州軍総司令部と「協議」し、鴨緑江軍司令部はその「協議」を命令と心得るということになり、実質的に満州軍の指揮下に入った。

上は沙河の広野の平山付近で警戒線に就く歩兵第39連隊（12月13日）。

川村景明大将

ロシア軍に奇襲された黒溝台の戦い

日本軍が春季攻撃の作戦準備に入っているとき、ロシア軍は密かに反撃作戦を開始していた。指揮官は新たに第二軍司令官に就任したグリッペンベルグ大将で、彼は旅順が陥落した以上、やがて旅順攻略軍の乃木軍が奉天方面に進出して来ることは間違いないと判断した。そこで日本軍が増強される前に攻撃を敢行したほうが有利であると考えた。

攻撃はまず一月八日、ミシチェンコ将軍のコサック騎兵旅団の南下で始まった。騎兵約七十五個中隊、砲二十二門を擁するミシチェンコ旅団は一月十二日に営口駅に接近したが、日本軍の反撃に遭い、四百八名の隊員と百五十八頭の馬を失ってあっけなく退却した。

だが、一月二十五日に日本軍の左翼、黒溝台付近を襲撃してきたロシア軍は強力だった。当時、満州のロシア軍は三軍編成に拡大しており、黒溝台付近を襲撃してきたのはグリッペンベルグ大将の第二軍主力だった。旧ソ連の国防省軍事史研究所員で、日露戦争研究の第一人者とされていたI・I・ロストーノフ編の『ソ連から見た日露戦争』によれば、「この作戦の意図は、第二軍の兵力でもって、第一軍と第三軍の砲兵隊の協力をえて、沈日堡方面の敵左翼に主打撃を加え、渾河と沙河とのあいだの各陣地を占領し、そのあと戦いに残っている各軍を次々に投入し、それによって敵軍を太子河の彼岸に撃退してしまうというものであった」という。

蛇山子北方三角山で守備に就く徒歩砲兵第4連隊（12月12日）。

たしかに十万の軍勢を率いたグリッペンベルグ軍は強力だった。黒溝台を守備していた日本軍は、約一個師団のロシア軍に包囲され、壊滅的打撃を受けて退却した。沈日堡の守備隊も包囲・攻撃されたが、なんとか増援部隊の到着までもちこたえ、全滅の危機だけは免れた。

当初、満州軍総司令部の作戦主任参謀松川敏胤少将は、ロシア軍の出撃報告を「この厳寒のもとで大兵団が活動できるものではな

い。斥候隊か、局部的なものだろう」といって、真面目に取り合わなかった。ところがロシア軍は十万を超える大軍で黒溝台も沈旦堡も危ないという。あわてた司令部は予備の第八師団を急遽黒溝台方面に送り、さらに各方面から兵力を引き抜いて投入していった。これが兵員の逐次投入という軍事作戦の原則を無視した結果になり、戦線に混乱をもたらす原因になった。

日本軍の虚を衝いてロシア軍は行動を開始した。写真は奉天への浮き橋を渡るロシア軍。

　この混乱をさらに複雑なものにしたのは、第八師団の参謀長が、ロシア軍は決して一気呵成に襲撃してくることはないという、ロシア軍の〃習性〃を把握していなかったことがある。すなわち参謀長は、ロシア軍は一挙に攻め入ってくるものと思い、ひとまず黒溝台を放棄して第八師団主力を集結させ、前進してくるであろうロシア軍を一挙に叩き潰すという作戦に出たのである。しかし黒溝台を占領したロシア軍は陣地に居すわったまま前進する気配を見せない。第八師団は作戦の裏をかかれた形になり、一度放棄した陣地を改めて攻撃し、苦戦に追い込まれていった。

第2軍の第8師団が布陣する李大人屯西端における工兵第8大隊の鉄条網敷設工事（1月11日）。

　一月二十七日から翌二十八日にかけて黒木大将の第一軍から第二師団が、野津大将の第四軍から第五師団が戦線に到着し、第八師団はからくも危機を脱することができた。

　一方、日本の増援を知った第二軍司令官のクロパトキン大将は積極攻撃に出るのを渋っていた。クロパトキンにすれば、そもそもこの作戦は議論の末にグリッペンベルグが異見を押しきって進めたものであり、進んで協力しようという考えはなかった。このためロシア軍は徐々に日本軍に戦局を逆転され、二十八日の夕方に先任司令官のクロパトキンが攻撃中止を命令したことで、四日間の戦闘に終止符を打った。ロシア軍は士官三百六十八名、兵一万千三百六十四名を失い、日本軍は九千三百余名の死傷者を出した。負傷者の約半数は凍傷を併発していたという。

　この戦いでシベリア狙撃第一軍団長のシタケルベルグ中将はグリッペンベルグ大将の命令を無視したことと、指揮のまずさを問われて

北台子付近でロシア軍と対峙する第2軍の騎兵前哨隊（1月16日）。

▼からくも全滅を免れた黒溝台会戦後の沈旦堡付近には、日露双方の人馬の死体があちこちに散乱していた（下）。

解任された。そのグリッペンベルグもクロパトキンの消極的対応と意見の食い違いから「なんという腰抜け軍人だ、よし、この事情を皇帝に報告してやる」と捨てぜりふを吐いて本国に帰ってしまった。そして後任の第二軍司令官には〝威張り屋の男爵〟といわれるA・V・カウリバルス将軍が就任した。

満州の広野に転進した乃木第三軍

黒溝台を奪取した満州軍総司令部は、奉天攻略の作戦計画を再確認した。二月十七日には旅順のロシア軍要塞を陥落させた乃木希典大将の第三軍も遼陽西方に集結を完了し、満州軍全軍が初めて同じ戦場に勢ぞろいした。

二月二十日、大山巖総司令官は烟台の総司令部に各軍の司令官と第三師団長を集め、奉天攻撃の重要性と作戦に関する訓示を行った。その冒頭で、大山は奉天作戦の意義をこう強調している。

「近く目前に横たわる会戦においては、我はほとんど日本帝国軍の全力を挙げ、敵は満州に用い得べき最大の兵力と思わるる軍隊をひっさげ、もって勝敗を賭せんとす。これ重要中の重要なる会戦にして、この会戦において勝を制したるものは、戦後の主人となるべく、実に日露戦争の関ヶ原というも不可ならん。故に吾人はこの会戦の結果をして全戦役

の決勝となすごとく努めざるべからず……」

こうして、それまでの戦史には先例のない〝史上最大の作戦〟の幕は切って落とされた。この奉天会戦に投入された日本軍は約十九師団、砲九百九十二門、戦闘総人員は二十四万九千八百名。これに対するロシア軍は三十個師団半で、砲千二百十九門、戦闘総人員は三十六万七千二百名で、その戦力比は二対三と圧倒的にロシア軍が優っていた。

奉天会戦で真っ先に作戦行動を起こしたのは新編制の鴨緑江軍であった。鴨緑江軍に与えられた任務は、ロシア軍の左翼側背面を衝くことによって、敵の兵力をできるだけ左翼に集中させることだった。この作戦の目的は、遼陽の西方に集結している乃木の第三軍を左翼から迂回させて、密かにロシア軍の右翼側背を攻撃させるための陽動作戦である。つまり、左右両翼からロシア軍を引き合う態勢に持ち込み、戦線中央部の敵兵力を左右に分散させて弱体化させ、その虚を衝いて奥大将の第二軍と野津大将の第四軍が中央突破をはかるというものであった。

鴨緑江軍の川村大将は二月二十二日に前進を開始、二十四日には早くも清河城を占領、さらに馬群鄲へと進撃した。この鴨緑江軍の行動はロシア軍の機先を制する結果となった。それは、奉天のロシア軍総司令部は二月二十五日に次のような作戦を決めていたからだ。

まず手薄とみられる日本軍の左翼（乃木軍）に狙いをつけ、これを撃破することによって中央の日本軍を惑乱する。そしてクロパトキン自ら指揮する主力の第一軍と第三軍をもって正面に展開する日本軍を攻撃、太子河の線（遼陽）まで撃退しようというのだった。

ところが日本軍の右翼部隊（ロシア軍の左翼）が思わぬ攻勢をみせてきた。クロパトキンは慌て、急いで部隊の移動を命じた。クロパトキンは鴨緑江軍を乃木軍と思い込み、同時に日本の主力は東から奉天を攻撃してくるものと誤認してしまったのである。

日本の総司令部にはすかさず奉天の正面に布陣している野津大将の司令部から「有力なロシア軍が東部方面へ進軍しつつある」という情報が飛んだ。事実このときロシア軍は総司令部直属の第十六師団（予備軍）が東部方面に移動を始め、日本軍の正面に位置していた第二軍のシベリア狙撃第一軍団もまた東部戦線へ急ぎ出発していた。このロシア軍の移動を確認した満州軍総司令部は、鴨緑江軍の陽動作戦は成功間違いなしと判断し、二月二十七日に乃木軍に出撃前進を指令した。そして他の第一、第二、第四の各軍は乃木大将の第三軍を支援するために一斉砲撃を開始した。

乃木軍は二月二十七日の午前九時を期し

旅順から遼陽を目指して進軍する乃木大将の第3軍と司令部。

開始された奉天大会戦。写真は2月27日、蛇山子付近から富家屯のロシア軍への第4軍戦利カノン砲中隊の砲撃。

日本軍との決戦を目前に、奉天近郊のクアンシャンに集結したロシアのトムスキー連隊。

て行動を起こした。第二、第四軍の放つ支援砲火を背に聞きながら奉天の西に向かって軍を進め、さらに迂回して北上した。支援の砲撃には旅順で活躍した二十八センチ榴《りゅう》弾《だん》砲《ほう》六門も加わり、轟々たる砲声を響かせて奉天市街の前面にそびえる万宝山、塔山、荒山周辺のロシア軍陣地に向かって巨弾が飛んでいった。この二十八センチ砲は、堅固に造られたロシア軍の永久堡塁を完全に破壊し尽くすほどの効果はなかったが、少なくとも第三軍の迂回行動を隠蔽《いんぺい》する役目は充分に果たした。

旅順攻略戦で威力を発揮した28センチ榴弾砲の据え付け。蛇山子北方三角山付近の第4軍(2月14日)。

開始された日露最後の総力戦

乃木軍の迂回行動を発見したロシア軍は、戦線の西部地域(右翼)に配置されていたパーベル・K・レンネンカンプ中将麾《き》下《か》の騎兵軍団の支隊だった。報告を受けたクロパトキンのショックは大きかった。前記したように、クロパトキンは東部戦線で戦端を開いた日本軍こそ乃木の第三軍だとばかり思い込んでいたからこそ、総司令部直属の第十六軍団と第二軍

ロシア軍も奉天周辺に巨砲を据え付け、日本軍撃滅を期していた。

のシベリア狙撃第一軍団を左翼防衛軍支援のために急派したのだ。旅順要塞を攻略したその乃木軍が反対の右翼で迂回行動をとっている……。クロパトキンの頭の中は完全に混乱をきたしていた。

日本軍の初期作戦はみごとに成功していた。いよいよ総攻撃である。三月一日、奉天正面に展開している黒木第一軍、奥第二軍、そして野津第四軍の主力は一斉に砲門を開き、総攻撃態勢に入った。当初のゆさぶり作戦が成功したこともあり、総司令部の幕僚たちの間には主力三軍の中央突破は間違いがなく、ロシア軍主力の壊滅は実現するものという安心感がただよっていた。

だが、ロシア軍もそう簡単には引き下がらなかった。東部戦線では鴨緑江軍が馬群鄲付近で前進をはばまれて足踏み状態になり、正面の各軍も苦戦を強いられて予期した展開に持ち込めないでいる。局面を打開しようと総司令部は躍起になって方策を打ち出そうとした。しかし、戦況悪化の中で方策を打ち出そうとすればするほど、悪い形が次々生まれた。すなわち、総司令部と第一線軍との間に感情的な対立が噴出したのである。

例えば、前進をはばまれている東部戦線の鴨緑江軍を支援しようと、総司令部は黒木第一軍から第二師団の一部を送り込んで戦局を打開しようとした。ところが第一軍は、広大な戦域に比して兵力が少ないことを理由に、これ以上の兵員削減には応じられないと拒否してきた。

また攻撃が進捗《しんちょく》せず戦線が膠着状態になっていたため、第二軍はそれまでとってきた迂回攻撃を正面からの夜襲攻撃に切り替えようと総司令部に了解を求めてきた。しかし総司令部の松川作戦主任参謀は「機略のない正面攻撃の愚は極力避けよ」という。怒った大迫第二軍参謀長は「それは総司令部の攻撃開始一日早かりし結果にして、今や正面側面を

第4軍後備歩兵第34連隊第6中隊の前三道崗子における戦闘状況(3月5日)。

前三道崗子の前線陣地でロシア軍を攻撃する後備歩兵第34連隊第5中隊(3月5日)。

興隆甸南方の渾河左岸からロシア軍を砲撃する第1軍の野戦砲兵第12連隊(3月10日)。

左上は蒲草窪に陣を敷く第4軍歩兵第40連隊第3中隊の戦闘準備（3月7日）。左下は後三道崗子東北に展開する第4軍の機関砲隊。写真の中央では土嚢で補強された銃眼からロシア軍に機関砲を向ける二人の兵士の姿が見える（3月5日）。

前線で指揮を執る満州軍総司令官大山巌大将。

選定するの時間を有せず」と回答、夜襲を決行した。しかし夜襲は失敗に終わり、結果的には松川参謀の「正面攻撃の愚」になってしまった。

奉天の南東部にある万宝山攻略を図っている野津第四軍も、最強を誇るロシア軍の防御陣地からの砲火のために釘付けとなり、西部戦線に進出した乃木第三軍もまたロシア軍の反撃に遭って進撃をはばまれつつあった。こうして全戦線で進撃が停滞してしまったため、総司令部は戦況打開のきっかけをつかもうと躍起になっていた。しかし、前線の実戦部隊との感情的対立は解消されず、焦燥感はつのるばかりだった。

さらにこの日、総司令部と前線軍との感情をもつれさせたのは第四軍からの情報だった。「当面の敵兵漸次北方に移動し、兵力二軍団に過ぎず」

これを総司令部は敵の総退却と判断し、総司令官名で全軍に敵兵の抑留と決戦を命じた。

この頃、第三軍は第九師団を除いて予定通り進撃していたが、前線の状況を知らない総司令部は先の命令に併せて、さらなる北進を続けてロシア軍の背後に迂回し、包囲態勢を取るよう指令を発した。だが、全軍が行動を起こしてみると、前面のロシア軍は「兵力二軍団」どころか、攻撃開始当初とほとんど変わ

クロパトキンを怯えさせた第3軍の展開。写真は大石橋の東北約2キロにある高力屯南方で小休止をする歩兵第26連隊（3月7日）。

▼下は大石橋の東端における第3軍野戦砲兵第17連隊の砲撃（3月6日）。

っていないことが分かった。

それでも三月二日の朝、第二軍は当面の敵の撃破に成功し、第三軍もまた独自に兵を進め、敵の退路に迫るために林家台、訥木渾の線に目標を設定し、同夜には張站、徳勝営子、前後民屯に達していた。ところがこの日、第三軍と総司令部の通信（電話）は一日中不通になっていた。伝えられているところでは、総司令部から前日来の進撃が遅いと非難されたために、怒った乃木軍司令官が電話線を引きちぎってしまったからだという。

乃木軍の影におびえたロシア軍

クロパトキンは自軍の右翼（奉天西方）戦域をもっとも警戒していた。中央正面の戦域では日本の満州軍主力（黒木第一軍、野津第四軍）を相手にむしろ優勢を保持していた。そこでクロパトキンは中央から兵力を一部引き抜いて東部軍の一部兵力と併せ、奉天西北方の大石橋付近に集結させた。乃木第三軍の北進を阻止するために迎撃態勢を整えようとしたのである。

三月六日のこの戦闘で新たに第三軍に編入されていた後備第十五旅団は大打撃をうけて敗走する。そして第一師団、第七師団からの救援をうけて高力屯、壮家屯、平羅堡に転進し、かろうじて戦線を立て直したが、北進を続行することは不可能に近いほどのダメージをこうむっていた。しかし総司令部はこの報告を容認せず、北進続行を命じてきた。乃木司令官が部隊に北進命令を出したあと、姿を消してしまったというエピソードがうまれたのはこのときのことである。

前線の状況を無視した総司令部の度重なる要求に、またもや怒った乃木大将は、敵弾飛び交う最前線、第九師団の散兵線内に一人出かけてしまったのだ。知らせを聞いて駆けつけた参謀たちに説得されて司令部に戻っ

日本軍の砲弾が、奉天付近でロシア軍が敷設した地雷に命中して爆発した瞬間。

▲▶クロパトキンは乃木軍に退路を断たれることを恐れて奉天撤退を決意した。ロシア軍の動きは急にあわただしくなり、一部の戦線ではパニック状態を生んでいた。

た乃木司令官の許には、総司令部からの訓令(電報による)が届いていた。

大要次のようなものであった。

「戦況全般の膠着状態を打破し、会戦の愁眉を開くのは、奉天付近の敵主力を撃破する責務を担った第三軍の行動の如何《いかん》による。しかるに第三軍の行動は頗《すこぶ》る緩慢と思われる。心して命令を実行させ、作戦の進捗を図るよう奮励されたい」

三月七日のことである。敵将クロパトキンに恐れられた乃木将軍も、総司令部からは目の上のタンコブ扱いだったのである。

この日、東部と中央戦域、とくに康大人山付近の敵が撤退をはじめた。砲火が減少しはじめ、車輌の往来が増し、自軍の幕営に火を放つ光景があちこちで観測された。そして日本軍の斥候隊はロシア兵に会うこともなく敵の本陣に到達できる状況になっていた。こうした状況をもたらした背景には、クロパトキンの作戦構想に乃木第三軍の行動が巨大な影となって圧力をかけていたからと言われている。

すなわち、東部及び中央戦域から軍を割いて西部戦域に送りこみ、乃木第三軍に対してはかなりのダメージを与えているはずである。しかし乃木第三軍は進撃を中止せずに続行してくる。これはどういうことか。この戦域における日本軍は兵力にかなりの余力を

ロシア軍が撤退に際して火を放った奉天駅付近の糧秣集積場。

もっているに違いない。とするなら、今後の戦況の展開に重大な局面を迎えることは必至である。乃木第三軍の進撃によって、奉天から鉄嶺までの鉄道を遮断されればロシア軍は退路を失い、全軍が包囲網の中に孤立することになる——とクロパトキンは考えたのだ。それが防御線の縮小、すなわち撤退を決断させることになったといえる。そして中央正面戦域の軍主力を渾河の線まで撤退させたクロパトキンが、余った兵力を西部戦域、つまり第三軍の正面に向かわせ、防御を固めることで全軍の撤退を完了させる作戦に出たのも、乃木軍を過大評価していた現れである。

ロシア軍の撤退行動を確認した総司令部は

ロシア軍が焼却した奉天の糧秣庫(3月11日)。

追撃命令を出し、東部戦域では鴨緑江軍が八日早朝から追撃を開始し、次いで奉天南部戦域から黒木第一軍、野津第四軍もロシア軍を追って奉天城に迫りつつあった。ただ奥第二軍の正面にあったロシア軍は、防御陣地を固守して頑強な抵抗をみせて退かず、第五師団と下沙坨子付近で七時間を超す激闘を展開した。

この戦闘で第五師団は甚大な被害をこうむり、目的を達することができなかった。また第三、第八師団が相対したロシア軍も抵抗が激しく、敗走に追い込むことはできなかった。この奥第二軍が相対したロシア軍は、クロパトキンが撤退行動を完了させるために東部と中央戦線から増派した援軍であった。同じ西部戦域の乃木第三軍もまたこの援軍の激しい抵抗にあって苦戦を強いられていた。

こうして迎えた翌九日は快晴、温暖の夜明けであったが、昼前から強い風が吹き始めて砂塵《さじん》を舞い上げ、追撃する各軍の将兵たちは難渋《なんじゅう》をきわめていた。しかし満州軍総司令部は、この追撃こそロシア軍主力を壊滅する絶好機であると判断し、各軍に追撃強行の檄《げき》をとばした。将兵たちは十日におよぼうという連日の戦闘で疲労困憊《ひろうこんぱい》し、加えて砲弾は不足し、ただ気力だけで追撃戦に入った。

この日、黒木第一軍、野津第四軍、川村鴨緑江軍は順調に渾河を渡河して西方に進出し、奉天に迫る戦線を形成したが、奥第二軍と乃木第三軍は悲惨な状況下に置かれていた。ことに乃木第三軍の第一師団は、ロシア軍の退路を分断する目的をもって文官屯北方から郭三屯にかけて進出を試みたが、ロシア軍の大逆襲をうけてパニック状態に陥り、田義屯に退却を余儀なくされていた。同じ目的で虎石台から郭三屯にかけての敵を撃破しつつ進軍していた第九師団は、数次にわたる逆襲に耐え、夕方になってようやく撃退することに成功した。しかし、西進してきた黒木第一軍との間に包囲網を完成させようと鉄路に迫り、その間隔を約二十キロにまで縮小したが、それが限界であった。

奉天会戦は各戦場でさまざまな現象を生んでいた。第1軍の近衛師団右翼隊の陣地前では、日露両軍が一時戦闘を中止してそれぞれの死傷者の収容にあたった。右の写真は負傷者を収容するロシア軍。

奉天会戦もまた多くのロシア兵の捕虜を生んだ。左は達連堡子付近における捕虜の尋問(3月11日)。

▼写真下左は達連堡子で近衛師団の仮包帯所で治療を受けるロシア兵捕虜。下右は奉天のロシア軍病院。ロシア軍は奉天地区に5カ所の赤十字病院と1個の野戦病院、包帯所を設けていた。ロシア軍は撤退に際してこれらの医療施設をジュネーブ条約の保護の元に残し、グチコフ赤十字社総監督も自ら残って統括していた。これら各病院には日本兵400余名、ロシア兵1300余名が収容されていた。そして奉天占領後は日本の第2軍軍医部長の森林太郎(森鷗外)軍医監が主任となって統括した。

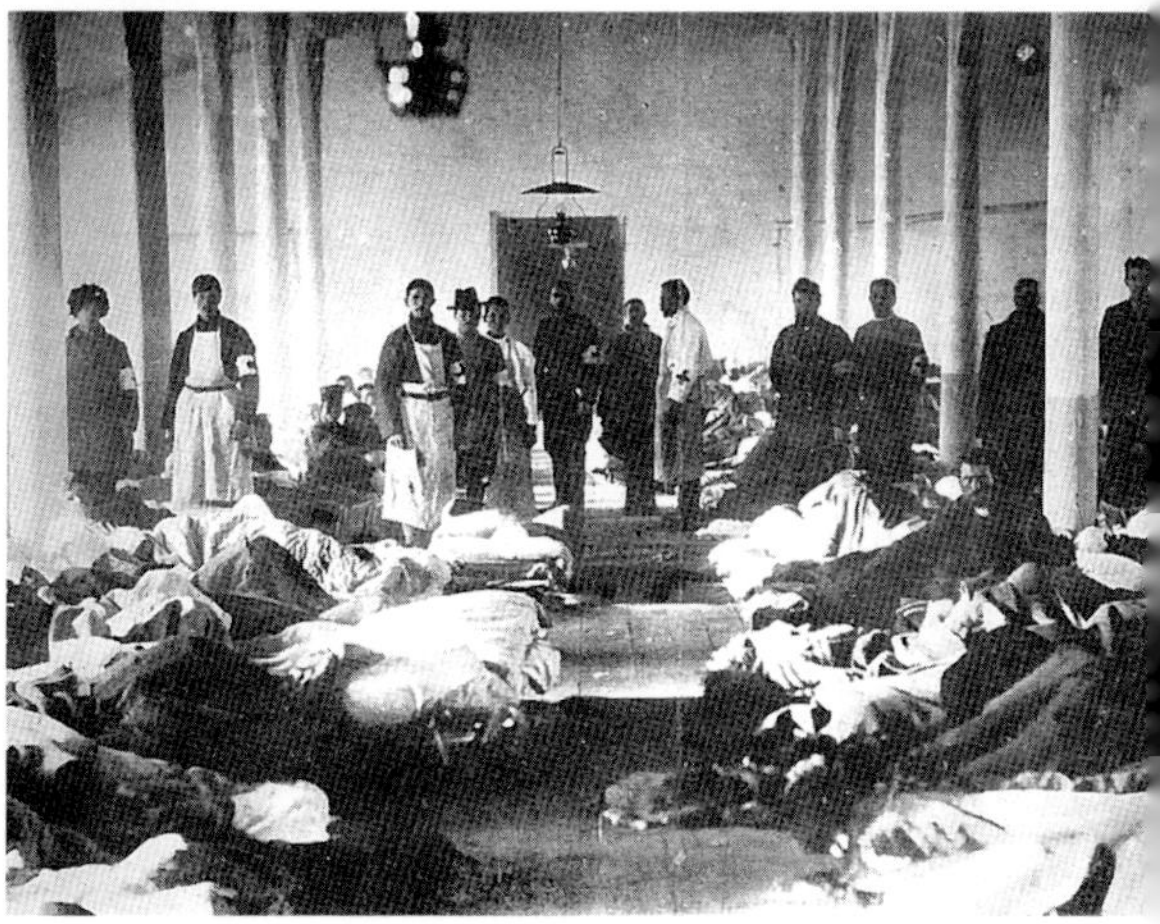

奉天に入城する満州軍総司令官・大山巌大将。3月15日、南門内の光景。

▼ロシア軍は撤退に際して膨大な軍需物資を遺棄していった。ことに武器弾薬類は大量で、砲弾不足に悩まされ通しだった日本軍には信じられない量だった。下は第4軍の戦利品。

ロシア軍主力の壊滅ならず

敵将クロパトキンは西進して来る黒木第一軍と野津第四軍に包囲されることを恐れ、九日午後九時、全軍に対して退却命令を下した。そして午後十一時過ぎから翌十日未明にかけてロシア軍将兵を満載した五十輌編成の列車が次々と奉天駅を出発、北方の鉄嶺へ向けて走り去った。乃木第三軍はこの光景を目撃したが、追撃して退路を断つ余力はなかった。

奉天周辺のロシア軍残兵は、死にもの狂いの抵抗をする者、退却する者、そして投降する者などさまざまであった。午後一時過ぎ、鉄嶺に連なる街道に沿って、延々と北方へ退却するロシア兵の集団が望見された。だが、強行に次ぐ強行で追撃してきた日本軍には、もはやこれ以上追撃する体力も砲弾もなく、はるかに退却する敵影を眺めるよりほかはなかった。

この日早朝、奥第二軍は目標としたロシア軍陣地を奪取し、午後三時すぎに同軍の第四師団の歩兵三中隊が奉天城内に突入した。そして四囲の城門に旭日旗を立て、宮殿、将軍衛門を護衛し、奉天城内に在ったロシア軍将兵一千三百余名を捕虜とし、奉天城占領を確実にした。

午後九時、大山満州軍総司令官は戦闘の終結を宣言、日露両国将兵の血で贖った日露戦争中最大の戦闘「奉天大会戦」は終りを告げた。この会戦で日本軍は死傷者七万二十八名、ロシア軍は死傷者九万名、捕虜二万一千七百九十二名という数字を残した。

たび重なる激戦、苦闘の連続ではあったが、乃木第三軍による奉天西部戦域への迂回作戦の強行と、敵将クロパトキンが乃木第三軍

奉天に入城する日本軍。

◀奉天城内の家々には、早くも日の丸が翻り、入城してくる日本軍を出迎えた。左上は奉天西門楼上から見た城内(3月11日)。左は占領した奉天郊外の住宅街を行進する陸軍軍楽隊。

の戦力を過大評価した結果、再度、状況判断を誤り、的確な作戦計画を遂行できなかったことがロシア軍主力敗退の主因であった。しかし日本軍はロシア野戦軍主力の壊滅という戦略目標は遂に達成することができなかった。その意味で、奉天会戦はロシア軍指揮官の誤認による辛勝といえるかもしれない。

奉天陥落後、大本営はそのまま北進を続け、ハルビン、ウラジオストクを占領して勝利を確実なものにし、可能ならば樺太をも掌中にしたいとしていた。しかし三月十三日夜半に届けられた大山満州軍総司令官の「政略戦略一致に関する意見具申書」には、ロシア軍を追撃するも持久戦に入るも、どちらにせよ今後の作戦は全て講和を踏まえた政策と一致したものであるべきである。付加すれば、追撃を選ぶなら兵員、武器、弾薬、物資の十分な補給がなければこれ以上作戦を遂行することは不可能である、と明記されていた。

兵站総監部がハルビン占領を前提として計算した結果、目的の兵員、武器、弾薬、物資の補給を満たすのは翌明治三十九年七月になると出た。日本軍にさらに一年以上も戦争を続行する余裕はない。つまるところは北進を断念し、奉天の北方、開原まで進出してロシアとの講和に期待するという結論しか出てこなかった。

第7章

Z旗揚がる、日本海海戦

世界を驚嘆させた日本の完勝

極東に出発する海軍士官を閲兵するニコライ皇帝。

姿を見せたバルチック艦隊

　第二太平洋艦隊として極東に派遣されることになったバルチック艦隊は、明治三十七年（一九〇四）十月九日、バルト海に面した集結地レーウェリ軍港にニコライ皇帝夫妻を迎えて盛大な歓送式典を行った。そしてリバウ軍港で最後の出撃準備を整え、新司令長官ジノヴィ・ペトロウィッチ・ロジェストウェンスキー中将に率いられて十月十五日、一斉に錨を揚げて極東のウラジオストクを目指した。大小四十隻を超える艦隊の大遠征である。

　ヨーロッパから東洋にいたる海上航路は二つしかない。一つは大西洋から地中海に入り、スエズ運河を抜けてインド洋に出るコースが一つと、アフリカ大陸を迂回して最先端の喜望峰回りでインド洋に出るコースの二つである。しかしスエズ運河を通れる艦船には制限がある。戦艦など吃水の深い大型艦の航行はできないから、主力艦隊は喜望峰を回るアフリカ大陸迂回航路をとらざるを得ない。

　日本はバルチック艦隊の監視態勢を取っていた。監視員はヨーロッパ各国に駐在する公使と陸海軍武官たちで、その動静は刻々と政府と大本営にもたらされた。バルチック艦隊は予想通り地中海の入口タンジールで二隊に分かれていた。吃水の浅い戦艦二隻と二等巡洋艦三隻に駆逐艦七隻、輸送船一隻が支隊としてスエズ運河経由でインド洋に出て、マダガスカル島で喜望峰を回るロジェストウェンスキー中将直率の本隊と合流することになったのである。支隊の司令官にはドミトリー・フォン・フェリケルザム少将が命ぜられた。

　この本隊と支隊がマダガスカル島沖で合流し、ニコラス・ネボガトフ少将率いる後続の第三太平洋艦隊との会合地点の仏印（フランス領インドシナ―現ベトナム）のカムラン湾に向かったのは明治三十八年（一九〇五）三月十七日の午後だった。

　艦隊はインド洋を一気に横断して四月五日早朝、マラッカ海峡に入った。そして八日の午後三時にはシンガポールの沖を通過した。港の桟橋や海岸には大艦隊を一目見ようと何千という人たちが鈴なりになっていた。これら見物人の中には、もちろん日本の領事館員もいた。バ

ポートサイドに到着したバルチック艦隊のフェリケルザム支隊。

ロジェストウェンスキー中将

駐タンジール領事に出迎えられて上陸するロジェストウェンスキー中将(中央)。

ルチック艦隊の情報収集のためにシンガポールへ派遣されている海軍の森義太郎大佐は、艦数と艦型を大本営に打電した。

艦隊は四月十四日の午前十一時二十分、カムラン湾の外港に二十八日ぶりに錨を降ろした。各艦はただちに本国政府が雇っていた四隻の給炭船から石炭の積み込みを開始した。カムラン湾を出ればウラジオストクまで寄港できる港はないし、日本艦隊との戦闘も待ち構えている。各艦では将校集会室や士官酒保、客室、浴室などは取り払われて石炭置き場にされた。

バルチック艦隊がカムラン湾に入港したという情報をキャッチした小村寿太郎外相は、四月十八日にフランス駐在の本野一郎公使へ訓電し、フランス政府に中立違反行為をただちに止めるように抗議した。ロシアに協調的なフランス政府は決して協力的な姿勢は見せなかったが、形式的な訓令は現地仏印総督に発した。その仏印総督はフランス極東艦隊副司令官のド・ジョンキエール少将をバルチック艦隊に派遣して「国際法によって貴艦隊は、湾内に二十四時間以上はとどまることはできない」と通告させた。

ロジェストウェンスキーはすっかりふさぎ込んでしまった。本国はカムラン湾でネボガトフの艦隊を待てというし、友邦フランスは二十四時間以内に立ち去れという。さらに十六日にフェリケルザム少将が脳卒中で倒れたという報告も届いた。

ロジェストウェンスキーは艦隊をカムラン湾から外洋に出し、しばらくブラブラして時を稼ぎ、再び入港するという行動を繰り返して第三艦隊の到着を待った。その第三艦隊がやっとのことで仏印沖に姿を現したのは五月九日午後二時であった。

　陣容が整った第二太平洋艦隊は、五月十四日、ウラジオストクに向かって最後の航海に出発した。

万全の迎撃態勢をとる連合艦隊

バルチック艦隊のマダガスカルでの長期逗留、カムラン湾とホンコーヘ湾（ヴァン・フォン湾）での一カ月におよぶ遊弋《ゆうよく》は、日本の艦隊に充分な準備期間を与えてくれた。

　バルチック艦隊がマダガスカルに入港したという情報に接した東郷司令長官は、山本権兵衛海相、伊東祐亨軍令部長と協議して連合艦隊主力を韓国南岸の鎮海湾に置き、状況に応じて出動させることにした。さらに連合艦隊の一部を津軽海峡から宗谷海峡方面に派遣、ロシアのウラジオストク艦隊の南下と密輸船の警戒にあたらせた。そして明治三十八年一月二十一日、東郷司令長官は前記の特別任務に就《つ》いている以外の艦艇は、修理が完成しだいただちに指定地に集合して訓練に入るよう訓令を発した。


東郷の胸には、先の黄海海戦での部隊運用の不適切、すなわち作戦のまずさがずっしりと頭に残って離れなかったに違いない。国運を賭けた次の海戦では、失敗は絶対に許されない、司令長官東郷平八郎大将はそう考えていた。四月十二日、東郷が全艦艇に噛んで含めるような指令を出したのも、その現れの一つともいえる。

①今後、麾下《きか》の艦船は敵の情況いかんによっては急速出動を命ずることもあるので、炭水はわずかといえども常に間断なく補充しておき、下令後一時間半以内に出港できる一切の準備を整えておくこと。

②各艦の戦闘準備はすでに違算はないといえども、なお敵弾炸裂《さくれつ》の媒介となるような水線上の障害物は、必須なものの他はすべて陸揚げ、もしくは水線下に格納すること。

③各艦の戦闘部署は、その艦内の都合によりできるだけ負傷者を少なくする目的をもって適宜変更し、負傷者運搬手等のごとき非戦闘員、その他軽砲員なども必要な時期まで安全な場所に置くこと。これは黄海海戦の「三笠」の実例により大いに鑑みる必要がある。

　同時に東郷は哨戒法も改めた。それまでの哨戒はウラジオストク艦隊を警戒する北方海峡重視の哨戒だったのを、四月十七日から南方重視の哨戒に切り替えるよう片岡第三艦隊司令長官に命じたのである。東郷が片岡七郎中将に南方重点哨戒を命じたのは四月十四日であるが、その命令で東郷はバルチック艦隊の航路を「対馬海峡」と指摘している。

「敵の第二艦隊は漸次接近し、その対馬海峡に向かうべきことほとんど確実なるに至れば、貴官は適当の時機にさらに南方の哨戒を増加すべし。尚、当隊（注・第一艦隊）よりも臨機偵察艦を派出する予定なり」

　東郷がこの命令を発したときは、まだバルチック艦隊は仏印のカムラン湾周辺をうろうろしていたころで、ロジェストウェンスキー自身、ウラジオストクへの航路は決めていなかった。敵艦隊は対馬海峡コースを選ぶだろうというのは、東郷のヨミであり、賭けでもあった。

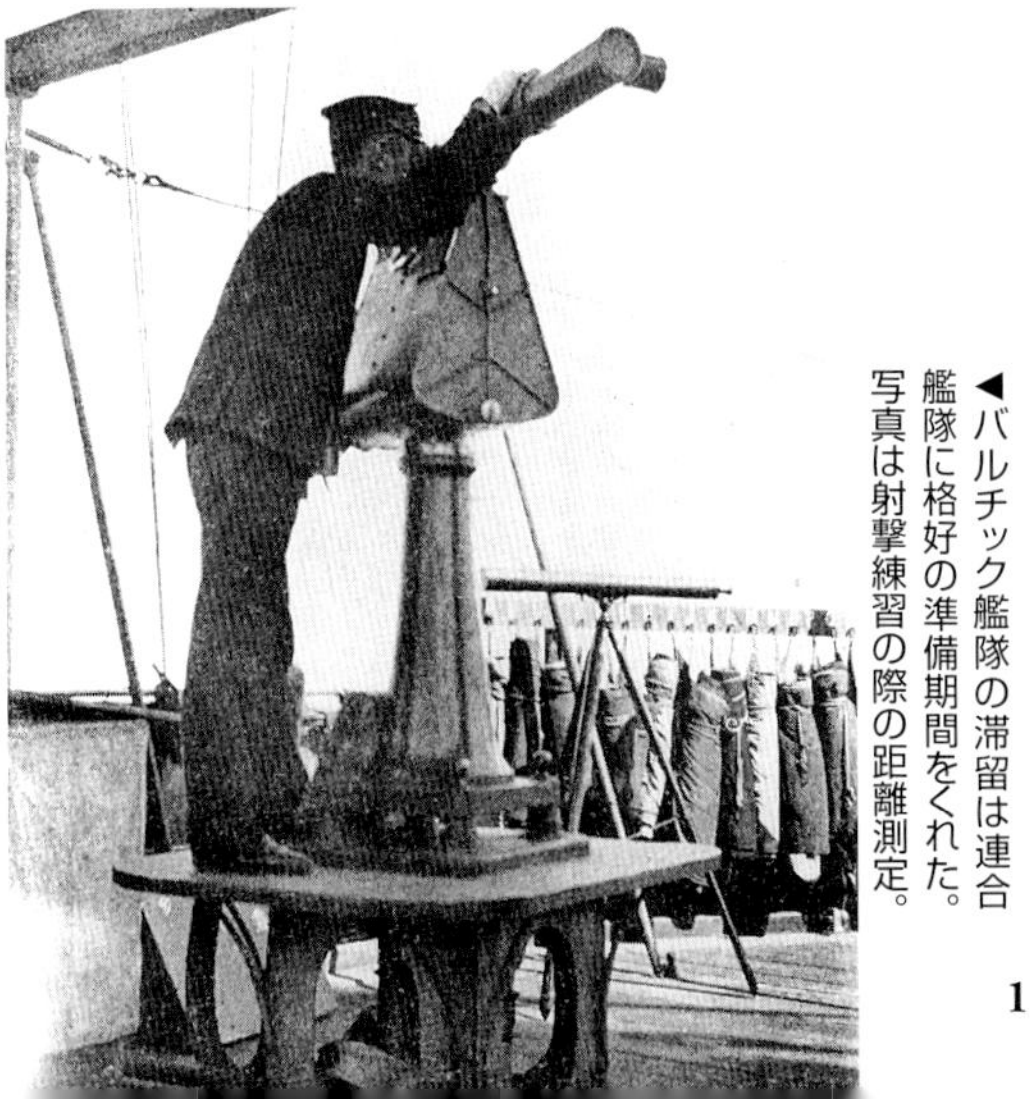

◀バルチック艦隊の滞留は連合艦隊に格好の準備期間をくれた。写真は射撃練習の際の距離測定。

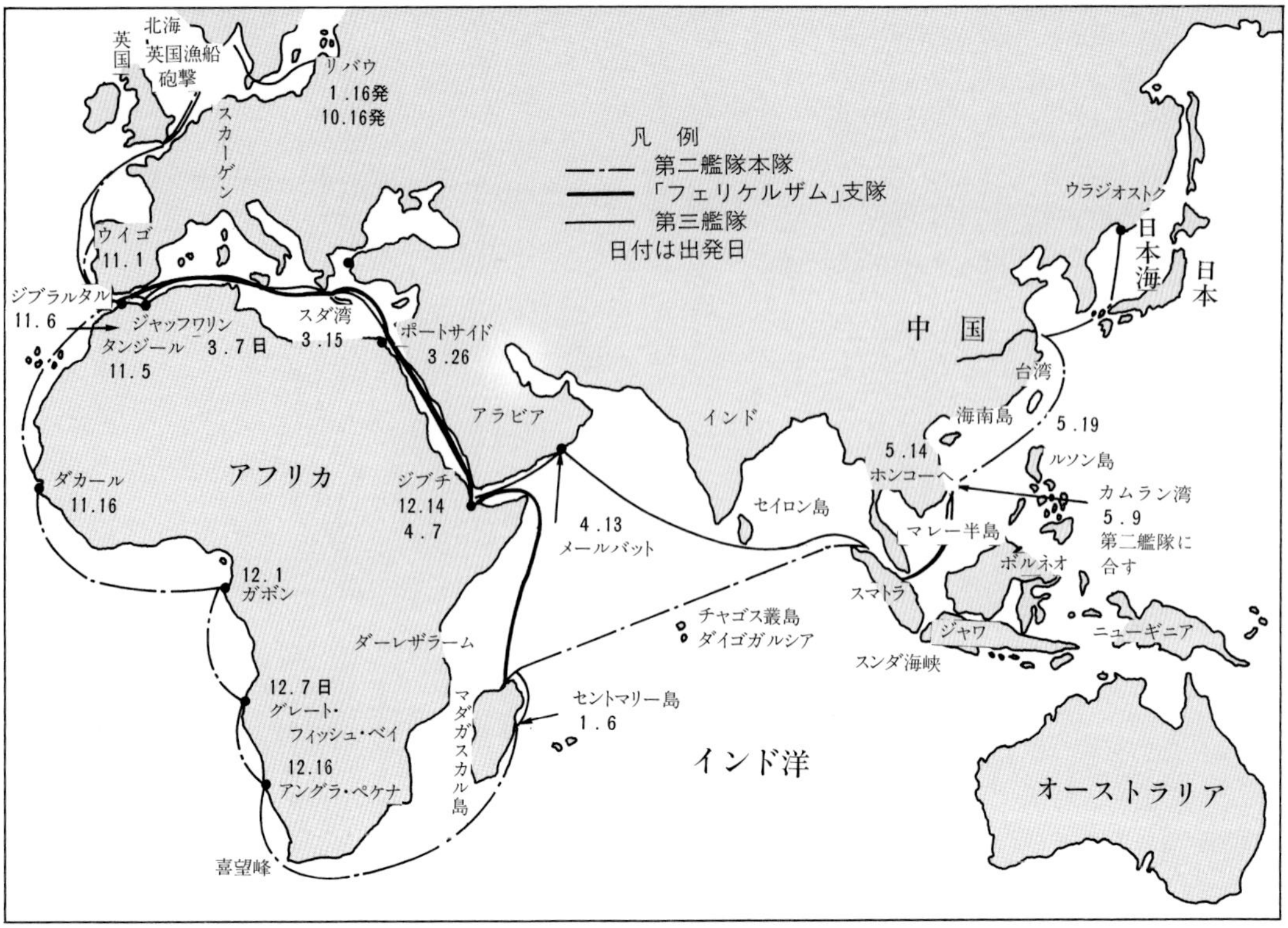

バルチック艦隊航跡図

ウラジオストクへのバルチック艦隊予想進航路

ロシア艦隊はどのコースを選ぶか?

仏印沖を出たバルチック艦隊が、目的地のウラジオストクにたどり着くには三つのコースがあった。一つは最短距離の対馬海峡を通って日本海を進むもので、二つ目は日本列島の太平洋側を回って津軽海峡を通るコース、そして三つ目が同じく太平洋側を迂回して宗谷海峡に入るコースである。

ロジェストウェンスキーは、このうち日本の艦隊主力が待ち伏せしている可能性のもっとも

高い対馬海峡を選んだのだが、その決定理由を彼は戦後に語っている。

「日本近海の洋上で石炭を補給することは困難である。したがって津軽海峡または宗谷海峡を通ってウラジオに行こうとしても燃料不足になる。さらに津軽海峡は幅が狭いうえに、必ずや日本は機雷を敷設《ふせつ》して厳重に防備を施しているに相違ないから、これを突破するには多大な犠牲を覚悟しなければならない。また宗谷海峡通過はもっとも距離が長いうえに濃霧が発生しやすく、あまり艦隊訓練を積んでいない大艦隊が突破するのはきわめて困難であると思った」

ロジェストウェンスキーの決断理由は、東郷の決断理由でもあった。東郷は、バルチック艦隊は必ず対馬海峡を通ると判断したからこそ、自ら指揮する連合艦隊を韓国南岸の鎮海湾に待機させたのである。だが、絶対的自信があったわけではなかった。

五月十四日にホンコーヘ湾を出発したバルチック艦隊は、十七日にはフィリピンと台湾の間のルソン海峡―バシー海峡に入り、十九日まで洋上に止まって石炭搭載を行った。そして、いよいよ〝敵の海域〟に向かって出撃していた。しかし東京の大本営にも、鎮海湾の連合艦隊司令部にもバルチック艦隊がルソン島沖を航行しているという情報は入っていたが、バシー海峡通過後の情報は入っていない。東郷は、もしかしたら敵の艦隊は北海航路を採《と》ったのではあるまいかという不安に駆られていた。

東郷は五月二十四日午後二時十五分、大本営に打電した。

「相当の時期まで当方面に敵艦隊を見ざれば、敵は北海方面に迂回したるものと推断し、連合艦隊は十二浬(約二十二キロ)以上の速力を以て大島(北海道・渡島=松前町)に移動せんとす」

東郷の電報に対し、伊東軍令部長をはじめ大本営の参謀たちは情報分析を重ねた。そして翌二十五日、敵艦隊がウラジオストクに入るとすれば、十中八九までは朝鮮海峡を通過すると思われる。艦隊主力の移動は慎重を期されたいと返電した。ところが、大本営の返電が連合艦隊司令部に届く前に、再び東郷から電報が入った。

「明二十六日正午までに敵影を見ざれば、連合艦隊は同夕刻より北海方面に移動し、朝鮮海峡には第七戦隊水雷艇隊四隊、仮装巡

バルチック艦隊編成表〈第2太平洋艦隊〉

第2太平洋艦隊司令部		
司令長官・ロジェストウェンスキー中将		
参謀長　・クラビエ・デ・コロン大佐		
〔主力艦隊〕		
第1戦艦隊　司令官・ロジェストウェンスキー中将直率		
戦　艦	**クニャージ・スワロフ**	(13,516t 18kn)
戦　艦	アレクサンドル3世	(13,516t 18kn)
戦　艦	ボロジノ	(13,516t 17.8kn)
戦　艦	アリヨール	(13,516t 17.8kn)
第2戦艦隊　司令官・フェリケルザム少将		
戦　艦	オスラビア	(12,674t 18kn)
戦　艦	シソイ・ウェリキー	(10,400t 15.6kn)
戦　艦	ナワリン	(10,206t 15.8kn)
装甲巡洋艦	ナヒモフ	(8,524t 16.6kn)
駆逐隊		
駆逐艦	ベドウイ	(350t 26kn)
駆逐艦	グロームキー	(350t 26kn)
駆逐艦	ブイヌイ	(350t 26kn)
駆逐艦	ブイスツルイ	(350t 26kn)
駆逐艦	ブラーウイ	(350t 26kn)
駆逐艦	ブレスチャーシチー	(350t 26kn)
駆逐艦	グローズヌイ	(350t 26kn)
駆逐艦	ベズウプリョーチヌイ	(350t 26kn)
駆逐艦	ボードルイ	(350t 26kn)
〔巡洋艦隊〕司令官・エンクウィスト少将		
第1巡洋艦隊		
防護巡洋艦	アウロラ	(6,731t 20kn)
装甲巡洋艦	ドミトリー・ドンスコイ	(6,200t 17kn)
防護巡洋艦	オレーグ	(6,645t 23kn)
第2巡洋艦隊		
防護巡洋艦	スウェトラーナ	(3,727t 20.3kn)
巡洋艦	アルマーズ	(3,258t 19kn)
巡洋艦	ジェムチューグ	(3,103t 24kn)
巡洋艦	イズムルード	(3,103t 24kn)
〔運送船隊〕		
第1運送船隊		
運送船	イルツイシ	(7,505t kn不詳)
運送船	アナズイリ	(12,000t kn不詳)
運送船	コレーヤ	(6,163t 2kn)
運送船	メテオル〈海戦不参加〉	(4,259t 10.5kn)
工作船	カムチャッカ	(7,207t 12kn)
病院船	アリヨール	(5,074t 19.2kn)
第2運送船隊(当隊の運送船は海戦に不参加)		
運送船	ツナイ	(1,381t 12kn)
運送船	ヤロスラーウリ	(8,550t 12.5kn)
運送船	タムボフ	(8,550t 12.5kn)
運送船	ウラジミール	(10,750t 13kn)
運送船	ウォローネジ	(10,750t 13kn)
運送船	キエフ	(10,850t 13kn)
運送船	ユピーテル	(3,976t kn不詳)
運送船	メルクーリヤ	(4,046t 11.5kn)
運送船	キータイ	(4,660t 10kn)
運送船	ゴルチャーコフ	(3,882t 9kn)
特別任務船		
汽　船	ローランド	(1,202t 0kn)

t=トン数、kn=ノット(速力)

戦艦「スワロフ」

戦艦「アリョール」

戦艦「オスラビア」

バルチック艦隊編成表〈第3太平洋艦隊〉

第3太平洋艦隊司令部		
司令官・ネボガトフ少将		
参謀長・クロッツ中佐		
第3戦艦隊	司令官・ネボガトフ少将	
戦艦	ニコライ1世	(9,594t 15kn)
装甲海防艦	アプラクシン	(4,126t 15kn)
装甲海防艦	セニャーウィン	(4,960t 16.12kn)
装甲海防艦	ウシャーコフ	(4,126t 16.1kn)
装甲巡洋艦	モノマフ	(5,593t 17.5kn)
工作船	クセーニヤ〈海戦不参加〉	(3,773t 10kn)
艦隊付属運送船		
運送船	ゲルマン・レルヘ	(3,126t kn不詳)
運送船	ストロガーノフ	(7,016t 12kn)
運送船	クローニヤ	(4,572t 13kn)
運送船	リウオニヤ	(5,782t 12kn)
運送船	スウィーリ	(不詳)
病院船	コストローマ	(3,507t 11kn)

t=トン数、kn=ノット(速力)

〔義勇艦隊〕(当艦隊は海戦に不参加)		
仮装巡洋艦	ペテルブルグ	(7,220t 20kn)
仮装巡洋艦	スモレンスク	(5,432t 19kn)
仮装巡洋艦	ドン	(8,430t 19.5kn)
仮装巡洋艦	ウラール	(8,278t 20kn)
仮装巡洋艦	テレーク	(7,241t 19kn)
仮装巡洋艦	クバーニ	(8,479t 18.5kn)

洋艦二隻、二、三等仮装砲艦及び特務艦隊の残部を留め置く」

東郷がいかに焦《あせ》っていたかが推測できる。そこへ伊東軍令部長から「待て」の電報が届いたのである。

五月二十三日発電で香港領事館から「露国艦隊は石炭を満載して浦塩《ウラジオ》に直進するはず」といった情報が届いていた。さらに大本営に「敵艦隊は対馬海峡を突破する」と確信を与えたのは、二十六日の午前零時五分に上海から飛び込んできた情報だった。

対馬海峡突入を目前にしたロジェストウェンスキーは、五月二十三日に最後の石炭積み込みを行い、給炭船や給水船は後方に帰すことにした。すでに五月十三日と十八日にも合計六隻の輸送船をサイゴン港に向かわせており、今回は商船旗を掲げて残っている輸送船八隻のうち六隻も後方送りとしたのである。

これら輸送船は二十五日の早朝、二隻の仮装巡洋艦に護衛されて艦隊を離れ、夕方、上海の呉淞に入港した。

ロジェストウェンスキー中将がおかした失策はいくつも挙げられているが、この輸送船の上海入港はその中でも最大の失策といってもいい。国際都市上海には日本、イギリスはもちろんのこと各国の領事館があり、情報収集の前線基地でもある。ロシアの輸送船入港の報はたちまち日本の情報網に引っ掛かり、

大本営に送られたのだ。ここで大本営が輸送船を本隊から分離したということは、敵艦隊は補給の関係から北海航路を採《と》ることはないと確信したからだ。

「信濃丸」バルチック艦隊を発見！

明治三十八年五月二十六日、韓国南部から九州、中国地方一帯は早朝から大型の低気圧におおわれていた。風雨はますます強くなり、海上は北または西の強風が吹き荒れていた。この強風を衝《つ》いて片岡七郎中将の第三艦隊と付属の小倉鋲一郎少将麾下の特務艦隊（仮装巡洋艦隊）は深夜の哨戒任務に就いていた。仮装巡洋艦「亜米利加丸」「佐渡丸」「信濃丸」「満州丸」は五島列島の白瀬島の西方を哨戒し、「秋津洲」「和泉」は前記四艦の東方海上を哨戒していた。

白瀬の西北方約四十浬《かいり》（約七十四キロ）の哨戒線を北東に航行していた成川揆大佐が指揮する「信濃丸」は、二十七日午前二時四十五分ごろ左舷前方に東へ航行する船舶の灯火を発見した。後ろのマストに白、赤、白のランプを高く掲げている。成川大佐は速力を上げて怪しい船の後方に近づいていった。三本マストの二本煙突、どうも敵の仮装巡洋艦らしい。

灯火発見から二時間近くが過ぎた。大佐はさらに艦を不審船の三百メートル近くまで進めた。備砲がなく、病院船ではないかと疑っていると、突然、相手の船が発光信号を送ってきた。その船はバルチック艦隊の病院船「アリヨール」だったのだが、夜間の上に靄《もや》がたちこめていたため「信濃丸」を味方の艦船と間違えて信号を発したのだった。

〈仲間の艦船がいる！〉

成川大佐はとっさに判断した。

夜は白みはじめていた。成川大佐は臨検しようと左舷に視線を移した。靄の彼方に多数の煙が立ち昇っている。その数は右舷艦首から左舷後方にわたって十本を超える。距離、左舷約千五百メートル。大佐は自分の艦が敵艦隊の真っただ中にいることを知った。大佐は急いで転舵《てんだ》を命じるとともに「敵艦隊ラシキ煤煙見ユ」と発信した。五月二十七日午前四時四十五分だった。続けて五分後の四時五十分、今度は確認の電信を発した。

「敵、第二艦隊見ユ」

仮装巡洋艦は速力も遅く、武装もないに等しい。「信濃丸」は敵の駆逐艦の追撃を避けるため西方に舵を転じながら午前六時ごろまで接触を保っていたが、相変わらずの靄のためついに艦影を見失ってしまった。

同じ海域にあった哨戒艦「和泉」（巡洋艦＝第三艦隊第六戦隊）は、「信濃丸」の電信を受信すると同時に索敵行動を起こした。そして午前六時四十五分、ついに五島列島の北西海

戦艦「ナワリン」

戦艦「アレキサンダー3世」

戦艦「ニコライ1世」

「信濃丸」の成川大佐は敵の大艦隊のど真ん中にいるのを知り、「敵、第2艦隊見ユ」を打電した。

上で敵の大艦隊を発見した。夜はすっかり明けていたが、海上の濛気《もうき》は晴れず視界は五、六浬（約九〜十一キロ）しかない。艦長の石田一郎大佐は主力艦隊が到着するまでは絶対に敵影を見失うまいと敵の着弾距離内に入って並進し、艦隊司令部に逐一情報を打電した。「和泉」の電信は第三艦隊司令部から即座に鎮海湾の連合艦隊旗艦「三笠」の電信室に転送された。

バルチック艦隊を発見した殊勲の仮装巡洋艦「信濃丸」。

「天気晴朗ナレトモ浪高シ」

対島の尾崎（浅茅湾）にあった第三艦隊司令長官片岡七郎中将は、「信濃丸」からの「敵艦見ユ」の無電を受信するや、尾崎と竹敷に在泊している全艦艇に急速出航を命じた。そして第三艦隊旗艦「巌島」をはじめとする第五戦隊は、早くも午前九時五十五分には対島の最南端、神崎の南東七浬半（約十四キロ）でバルチック艦隊を視認した。

五島列島の西北で「信濃丸」の無電をキャッチした第一艦隊第三戦隊司令官の出羽重遠中将も、ただちに「笠置」「千歳」「音羽」「新高」を率いて南下した。そして午前十時三十分に神崎の南方十五浬（約二十八キロ）でバルチック艦隊の煤煙を発見、そのまま敵艦隊を右舷真横四、五浬（約七〜九キロ）に見て並進を続けた。

午前五時五分、第三艦隊から「敵艦見ユ」の転電が入ったとき、東郷大将が座乗する連合艦隊旗艦「三笠」は韓国の鎮海湾にあったが、主力の第一艦隊第一戦隊と上村彦之丞中将の第二艦隊（第二、第四戦隊基幹）は、鎮海湾から外洋に通じる加徳水道に仮泊していた。上村中将は全艦艇に急速出航を命じ、午前六時には順次抜錨して外洋に向かった。

「三笠」艦上の東郷司令長官は首に双眼鏡を

掛け、緊張の面持ちで最上艦橋に立った。傍らの加藤友三郎参謀長は、その痩せた蒼白の顔面に冷静さを一層ただよわせている。一人、秋山真之《さねゆき》参謀だけが喜色を満面に浮かべて「しめた、しめた」といいながら、後甲板で小躍りしていた。

　東郷司令長官は大本営に全艦出撃の打電をした。

「敵艦見ユトノ警報ニ接シ、連合艦隊ハ直ニ出動シ之ヲ撃滅セントス、本日天気晴朗ナレトモ浪高シ」

「三笠」を先頭にした総勢四十余隻の連合艦隊主力は、朝鮮海峡の東水道に舵《かじ》を向けた。午前六時三十四分だった。バルチック艦隊の針路は刻々と入る。東郷は沖の島付近で敵艦隊を邀撃《ようげき》することを決心し、航行序列を作りながら目的海域に向かった。海上は相変わらず強風が吹き荒れ、風浪が高かった。小型の艇はわずか八三トン、大型でも一五二トンしかない水雷艇隊は木の葉のようにもまれている。東郷長官は水雷艇隊の航行は困難と判断し、水雷艇隊に一時、五島列島の三浦湾に避難するよう命じた。

　そのころバルチック艦隊は二等巡洋艦「スウェトラーナ」を先頭に、特務艦隊を間にした二列縦隊で壱岐の若宮島西方に近づきつつあった。艦隊の右舷約九千メートルには哨戒艦「和泉」が張り付き、左舷には出羽中将の高速巡洋艦隊が並走していた。

　午前十一時二十分、日本の高速巡洋艦隊に対して戦艦「アリヨール」が突然砲撃を開始した。この砲撃には無煙火薬を使っていたため、他の艦は先鋒のどの艦が発砲したかを識別することができず、てっきり旗艦「スワロフ」の戦闘開始の信号と思い、一斉に砲門を開いた。日本の巡洋艦隊も左舷に転回しながら応戦を開始し、同時に速力を速めて射程外への脱出をはじめた。旗艦「スワロフ」があわてて信号旗を掲げ、「砲弾を無駄にするな」と命令したため、砲撃はやっと停止された。

　日本海海戦で最初のこの砲撃戦は、「アリヨール」が旗艦に日本の巡洋艦隊との距離を報告するために掲げた信号旗を、砲員が戦闘開始の信号と間違えて砲門を開いてしまったものだった。

連合艦隊旗艦の戦艦「三笠」

戦艦「敷島」

戦艦「富士」

戦艦「朝日」

「敵、第2艦隊見ユ」との報告を受けた東郷平八郎司令長官は、連合艦隊の全艦艇に出撃命令を下した。

◀装甲巡洋艦「春日」

▼装甲巡洋艦「日進」

「皇国ノ興廃此ノ一戦ニアリ」

東郷司令長官自ら率いる連合艦隊主力が、バルチック艦隊を発見したのは午後一時三十九分だった。敵艦隊は旗艦「三笠」の南西約七浬(約十三キロ)を北東に進んでいた。いよいよ戦闘開始である。

東郷長官は敵の左翼列の先頭から撃破しようと第一・第二戦隊を北西微北に変針させ、速力を十五ノットに上げた。そして午後一時五十五分、「三笠」のマストに信号旗がひるがえった。上が黄、下が赤、左右が黒(ロープ側)と青のZ旗である。

「皇国ノ興廃此ノ一戦ニアリ、各員一層奮励努力セヨ」

東郷は何か重大な決意をしたときのクセである両頬をふくらませて、最上艦橋の左側に立っていた。右手に大きな双眼鏡を持ち、左手は長剣の柄をぎゅっと握りしめている。

敵味方の距離はぐんぐん縮まった。「三笠」砲術長の安保清種少佐は加藤友三郎参謀長に大声で「距離、八千になりました」と報告し、「どちらの側で戦《いくさ》をなさるのですか?」とつぶやくように聞いた。そのときだった、東郷長官の右手がさっと左方に半円を描いた。そして加藤参謀長と顔を見合わせて何事かにうなずいた。その刹那、加藤参謀長の甲高い

声が響いた。

「艦長、取舵《とりかじ》一杯に！」

取舵一杯とは、できるだけ早く艦首を左の極限まで急転させることである。艦長の伊地知彦次郎大佐は驚いたように聞き返した。

「え、取舵になさるのですか?」

今まさに撃ち合いを始めようというときに、大きな舵を取って敵の方に頭を突っ込んで艦隊の進行方向を変えようというのだ。大胆というよりも、危険この上ない行動である。艦長は自分の聞き違いではないかと思い、念のために問い返したのだった。

「さよう、取舵だ」

加藤参謀長は断定的な口調で答えた。

旗艦「三笠」は猛烈な勢いで艦首を左に向け、真っしぐらに東の方に急転を開始した。これが後に勇名になる敵前大回頭、いわゆる丁字戦法突入の瞬間であった。

バルチック艦隊にとっては千載一遇の好機が訪れたのだ。連合艦隊の第一・第二両戦隊十五隻(内二艦は通報艦)が回頭に入ったのは二時五分、そして全艦が回頭を終わってバルチック艦隊の正面に横一線を成したのが二時二十分だった。艦艇が大回頭を行う場合、その半円から脱出する間の数分間は不動の停滞点を作り出す。この瞬間を敵に狙われたら艦隊は全滅しかねない。当然、敵に対する応射はできないから、敵前での大回頭は危険きわまりない行為なのである。

加藤友三郎参謀長

日本の艦隊がいきなり正面で腹を見せたのを知ったロジェストウェンスキー中将は、午後二時八分、麾下の艦隊に一斉砲撃を命じた。砲撃は先頭の旗艦「三笠」に集中されたが、訓練不十分な射撃手の砲撃は、敵の旗艦に致命傷を与えることができなかった。バルチック艦隊はこの十数分間の好機をみすみす逃してしまったのである。

一方、東郷の第一戦隊と第二戦隊は砲撃の中で回頭を続け、第三・第四・第五・第六の四戦隊はいずれもそのまま南下して、ロシア艦隊の後尾を衝《つ》くために突き進んだ。そして回頭を済ませると同時に「三笠」の各砲が旗艦「スワロフ」に向かって一斉に火を噴いた。二時十分であった。距離六千四百メートル、回頭を済ませた「敷島」「富士」「朝日」「春日」「日進」も次々と砲撃に加わった。「出雲」以下の巡洋艦隊も砲撃を開始した。

日本の砲撃は正確だった。最上艦橋に立つ東郷司令長官の双眼鏡には、敵の第一戦艦隊旗艦「スワロフ」と第二戦艦隊旗艦「オスラビア」に次々命中する日本軍の砲弾が手にとるように写っていた。そしてロシアの艦隊では混乱が起こりはじめていた。

双方の距離が五千メートルを切ってきた。「オスラビア」がもうもうたる黒煙を上げ始め、ロジェストウェンスキー中将が座乗している「スワロフ」も火災を起こしていた。このとき「スワロフ」の艦上構造物はことごとく崩壊し、甲板は押し潰されて火災を起こし、屍《しかばね》が累々《るいるい》と横たわっていた。続く「アレクサンドル三世」と「ボロジノ」も黒煙を吹き上げ始めた。

旗艦「スワロフ」の艦上を惨憺たるありさまに追い込んだ日本の砲撃は、単に射手の練度の差だけではなかった。日本の砲弾には、この日露戦争から初めて実戦に使用された「下瀬火薬」と「伊集院信管」が装填《そうてん》されていたのである。

明治二十年、当時フランスに駐在していた富岡定恭少佐は、フランスが実用化に成功したばかりの強力な新爆薬の試薬を入手し、密かに持ち帰った。海軍兵器製造所で分析したところ、原料はピクリン酸(トリニトロフェノール)と判明した。そこで同製造所の下瀬雅允技手が開発に取り組み、翌二十一年には試作に成功、さらに研究と実験を重ね、ついに爆薬の製造に成功した。そして明治二十六年に「下瀬火薬」として制式爆薬に採用され、明治三十六年に量産態勢が完成した。

韓国の鎮海湾を出撃した連合艦隊主力は、バルチック艦隊の撃滅を期して船脚を早める。

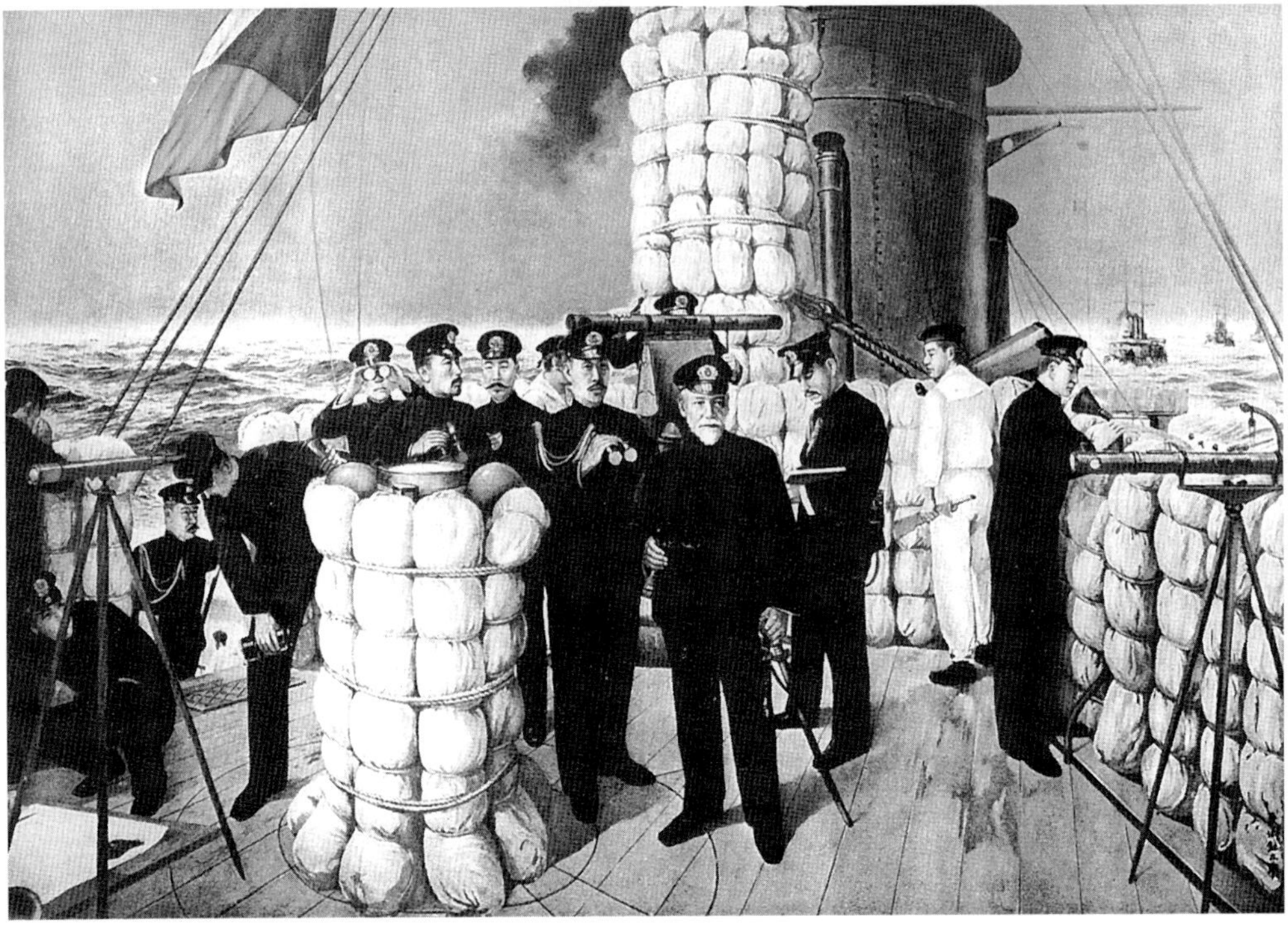

東郷長官の作戦命令を受けた加藤友三郎参謀長は、艦長に「取舵一杯」を命じた。丁字戦法に入る艦隊行動を命じた直後の「三笠」艦上の絵（東城鉦太郎画）。

5月27日午後2時5分、先頭艦「三笠」がまさに左舷に回頭して敵と並航針路に転じようとした瞬間の図（東城鉦太郎画）。

旗艦「三笠」の6インチ速射砲の発射。

現在の爆薬（炸薬）の主流はTNT（トリニトロトルエン）火薬である。このTNTは明治三十五年にドイツで初めて採用され、日本でも大正七年に制式採用されている。しかしトルエン系のTNTは石油を原料としているため、日本では資源の問題からTNTはあまり使わず、第二次世界大戦でももっぱら下瀬火薬を使った。下瀬火薬の原料であるピクリン酸は石炭が原料であり、生産が容易であったのと、日露戦争以来の絶大な信頼があったからである。

この強力な新爆薬の効果をさらに高めたのが「伊集院信管」であった。伊集院五郎海軍少佐が考案し、明治三十三年に完成したこの弾底着信管は、鋭敏で作動確実な優れた信管だった。砲弾は艦艇に直接命中せず、付近の海面に落下しただけでも爆発し、艦上の兵士たちを爆風で吹き飛ばす威力を兼ね備えていたのである。当然、艦に命中した場合の殺傷力は絶大なものとなった。

日本の各艦もかなりの命中弾を受けていた。ことに第二戦隊の「浅間」は舵機をやられて戦列を離れ、応急修理に追われていた。集中砲火を浴びた「三笠」も大損害を被っていた。「三笠」は五月二十七日の初日の海戦で左右両舷の五十カ所に敵弾を受けた。そのうち六インチ弾以上の直撃弾は三十二発を数えている。しかし、ロシアの主力艦のような大火災を起こしている艦は一艦もなかった。

断末魔のロシア艦隊

日露の決戦は戦闘開始三十分間の戦いで実質的に勝敗は決していた。バルチック艦隊の主力艦はほとんどが火災を起こしていた。旗艦「スワロフ」は舵を操作するスチームパイプに砲弾が命中したため操舵ができなくなり、無意味な転回行動をとりはじめて戦列を離脱していた。そのうえ艦長のイグナチウス大佐に続いて、ロジェストウェンスキー中将も司令塔に命中した砲弾の破片で頭部や背中を負傷し、さらに追い討ちをかけた一弾の破片で左足くるぶしの神経を切断され、人事不省に陥っていた。旗艦とともに司令部もまた壊滅状態に追い込まれていたのである。

フェリケルザム少将

重傷のイグナチウス艦長

本来なら司令長官が指揮を執れなくなった場合は即座に次席指揮官が指揮権を引き継ぐ。バルチック艦隊の次席指揮官はフェリケルザム少将だったが、病気だった少将は決戦を目前にした五月二十三日の夜に息を引き取っていた。しかしロジェストウェンスキー中将は艦隊の士気が低下することを恐れて、各司令官たちにすら少将の死を教えなかった。

そのためフェリケルザム少将の次の指揮権継承者である第三戦艦隊司令官のネボガトフ少将が司令長官の負傷を知らされ、指揮を執るのはもう少し後だから、バルチック艦隊は開戦一時間たらずで、一時、指揮官不在になっていたのである。

午後三時七分ごろ、戦艦「オスラビア」はついに沈没し、旗艦「スワロフ」も行動の自由を失って日本軍の集中攻撃を受けている。指揮艦を失ったバルチック艦隊にはもはや陣形などはない。それぞれが南へ北へと必死に戦線離脱をはかっていた。日本側は駆逐隊も戦闘に加わり、逃げようとするロシアの艦艇を追って海上を走り回っている。

午後五時過ぎ、煙霧の中に敵主力を見失った日本の戦隊は、第一戦隊は北方に反転し、第

二戦隊などが敵巡洋艦隊と砲戦を交えていると思われる南西方向に転舵した。

ロシア艦隊を後尾から襲うために南進した出羽中将の第三戦隊と瓜生中将の第四戦隊は、午後二時五十分ごろから距離約七千八百メートルで「オレーグ」「アウロラ」「ドミトリードンスコイ」「ナヒモフ」などの敵巡洋艦隊と特務船隊に砲撃を開始した。戦艦同士の戦闘はすでに熾烈《しれつ》をきわめており、ロシア側の戦艦隊には仮装巡洋艦や特務艦船を護衛する余裕などはなかった。ロシアの陣形はたちまち乱れた。「ウラール」をはじめ火災を起こす艦、進退の自由を失う艦が続出している。工作船「カムチャツカ」（輸送船）は半ば沈没状態で漂いはじめている。「オレーグ」や「アウロラ」などの巡洋艦が救助に走り回る。それを日本の巡洋艦隊が狙い撃つ。「オレーグ」が火炎を上げる。右に左に逃げまどうロシアの艦艇。海上はそこここで阿鼻叫喚《あびきょうかん》の地獄絵を現出していた。

第三・第四両戦隊が敗走するロシア艦を追って北東に針路をとった四時三十分過ぎ、日本の主力艦との交戦から逃れてきたロシアの戦艦隊が、突如、北方の濛気の中から姿を現してきた。

砲戦がはじまった。主砲で劣る日本の巡洋艦隊はたちまち苦境に陥った。第三・第四戦隊が速力を上げて北方に避退をはじめたとき、敵の主力を追って南下してきた東郷長官の第一・第二戦隊を目撃した。運は日本側に味方しているらしく、第三・第四戦隊はこうして救われた。

午後六時二十五分、まず旗艦「三笠」が敵の真横五千五百メートルから一番艦「ボロジノ」を目がけて砲撃を開始した。次いで標的を二番艦の「アリヨール」と「アレクサンドル三世」に移して攻撃を続行した。ロシアの艦

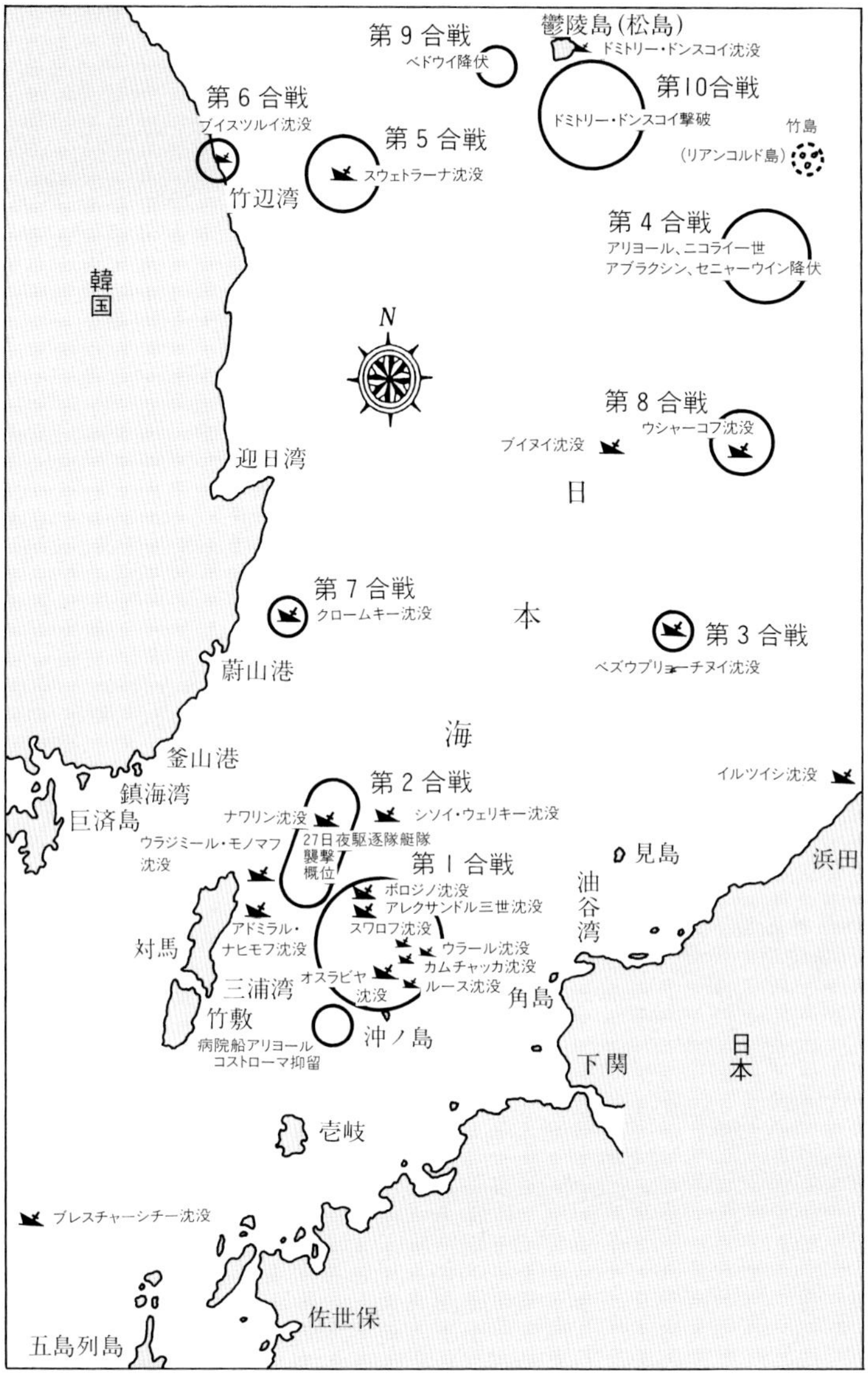

日本海海戦・戦場略図

艇は右に左に針路を変えて、必死の脱出を繰り返している。やがて「アレクサンドル三世」が大火災を起こし、左に大きく傾きはじめた。同艦は「我、禍難に遭う」という信号旗を掲げながら急速に艦列を離れた。直後にキールを上にして転覆していった。

この日本の攻撃再開の直前、重体のロジェストウェンスキー中将は廃艦同然の「スワロフ」から駆逐艦「ブイヌイ」に移され、艦隊の指揮権をネボガトフ少将に譲り、ウラジオストクに向かうよう命令した。

指揮権を委譲されたネボガトフ少将は、ただちに「東北二十三度、全艦、我に続け」の信号旗を掲げ、右回転を試みた。しかし戦いは続いており、加えて生き残っている艦も満足なものは一艦もなかったから、ただちに指揮艦に従うことはできなかった。「アレクサンドル三世」とともに日本軍の集中攻撃を受けている「ボロジノ」と「アリョール」もその一艦で、いまや気息奄奄《きそくえんえん》の態である。ことに「ボロジノ」の損害はひどく、砲煙と火炎は全艦を覆い、将校の大半はすでに戦死していた。

あたりはすっかり夕闇に包まれていた。日本の戦隊は攻撃を中止し、午後七時二十八分、東郷司令長官は各戦隊に砲撃を中止して北上を命じ、翌朝、鬱陵島《うつりょうとう》沖に集合するよう電令した。そして主力の戦隊に代わって夜の海に出撃したのは、駆逐隊と水雷艇隊だった。

連合艦隊の集中攻撃を受けた旗艦「スワロフ」の最期（絵）。

朝からの風もようやく収まった午後七時三十分ごろ、二十一隻の駆逐艦と約四十隻の水雷艇は、死体に群がるピラニアのように三方からロシア艦艇に襲いかかった。だが、各隊の連携の不備と作戦のまずさから大混乱をきたし、あちこちで味方同士の衝突が相次ぎ、水雷艇三隻が沈没するという事故を起こしてしまった。中には敵艦に肉薄して魚雷を射ち込んだ艦もあったが、この夜襲戦の戦果はゼ

指揮権を委譲されたネボガトフ少将

秋山真之中佐

日本の主力艦に包囲されたネボガトフ少将は、旗艦「ニコライ1世」に降伏旗を掲げた。写真の左後方に見える「アリヨール」「アブラクシン」「セニャーウィン」も倣って降伏旗を掲げた。

ロに近かった。

しかしバルチック艦隊の残存艦にはもはや戦う気力はなかった。日本の艦艇が夜襲を中止した午前零時前、ネボガトフ少将の「ニコライ一世」に続いていたのは、戦艦「アリヨール」と装甲海防艦「セニャーウィン」「アブラクシン」、二等巡洋艦「イズムルード」の四隻だけになっていた。戦艦「ナワリン」は沈没し、同じく戦艦「シソイウェリキー」と装甲巡洋艦「アドミラルナヒモフ」、巡洋艦「ウラジミールモノマフ」は大破して夜の海に漂っていた。

降伏旗を掲げたネボガトフ少将

日本の連合艦隊は敗走艦の退路を断つため鬱陵島に向かって北上していた。そして五月二十八日午前五時ごろ、主隊の南方約六十浬(約百十一キロ)を北進していた第五戦隊から「敵艦隊発見！」の無電が入った。東郷長官は第一、第二戦隊に戦闘準備を命じ、全速力で情報地点に急行した。第五戦隊の近くを北進していた第四戦隊と第六戦隊も無電をキャッチし、ロシアの敗走艦を目がけて突進した。

日本の各戦隊は敵艦隊を包囲する形を作り、旗艦「三笠」は十時半過ぎに距離七千メートルで砲撃を開始した。他の艦も「三笠」の砲撃に続いた。ロシア側も「アリヨール」が応戦を開始した。その直後、ネボガトフ少将座乗の「ニコライ一世」が突然、軍艦旗と将旗を降ろし、「我、降伏ス」の万国信号旗を掲げ、僚艦にも「敵の優勢なる艦隊に包囲された今、我が艦隊は降伏す」と信号を送った。事実、このとき日本は主力艦二十八隻が参集して包囲態勢をとっていた。「アリヨール」「アブラクシン」「セニャーウィン」がこれに従って軍艦旗を降ろし、降伏旗を掲げた。

秋山参謀が「三笠」の艦橋で、敵の各艦に降伏旗がひるがえっているのを発見したのは午前十時四十分ごろだった。当然、東郷司令長官も万国旗を目にしているはずである。

「長官、敵は降伏しました。わが艦隊の発砲を止めましょうか」

秋山は言った。だが、敵方を睨んだままの東郷は黙然として応えない。秋山は息をはずませて詰め寄るように言った。

「長官、武士の情けであります。発砲を止めて下さい」

東郷は冷然といった。

「本当に降伏すっとなら、その艦を停止せにゃならん。現に敵はまだ前進しちょるじゃないか」

秋山は返す言葉がなかった。事実、ロシアの艦艇は行進を続けているだけではなく、幾十門の大砲の筒先も日本の艦隊に向けられたままである。さらにこのとき、高速巡洋艦「イズムルード」が突然、列を離れたかと思うと脱《だっ》

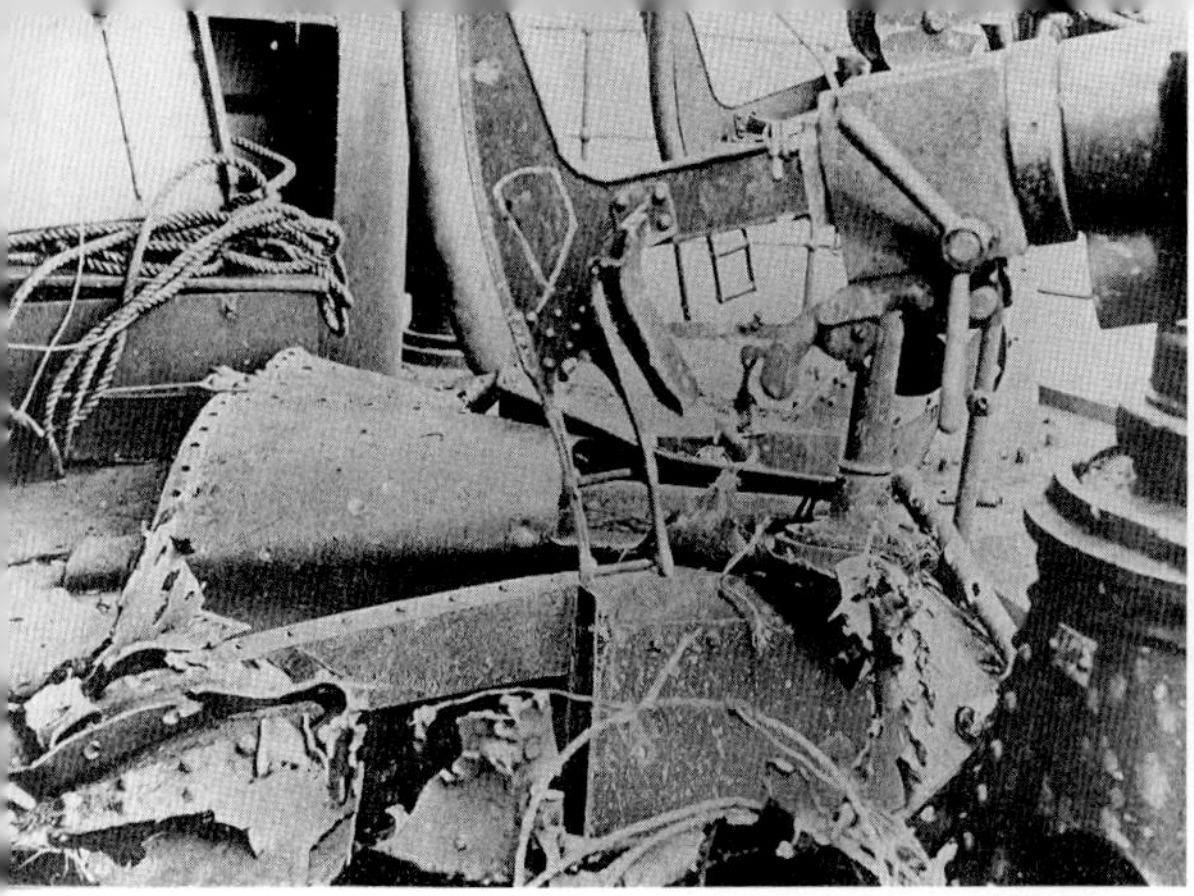

「アリヨール」の被害は全体におよんでおり、前艦橋左舷の47ミリ砲付近も写真のような惨状を呈していた。

降伏した戦艦「アリヨール」の艦尾部。艦体のあちこちに砲撃で開けられた大穴が見てとれる。

無惨に破壊された戦艦「アリヨール」の右舷中央6インチ砲塔付近。

兎《と》のごとく走り出した。艦長のフェルゼン中佐は、「ニコライ一世」の降伏旗を確認するや敢然と脱出を決意、ウラジオストクに向かったのだった。そして二十九日夜、ウラジオストク北方のウラジミール湾にたどり着いたのだが、夜のために湾口の暗礁に乗り上げてしまい、フェルゼン中佐はやむなく艦を放棄することにした。

降伏旗を掲げたにもかかわらず、日本の攻撃は止まない。ロシアの各艦の艦橋はパニック状態に陥っていた。ネボガトフ少将は日本の国旗を掲げ、次いで機関の停止を命じた。四隻のロシア艦は漂うように動きを止めた。東郷が全艦艇に攻撃中止を命じたのは、この直後であった。

「ニコライ一世」に降伏旗を掲げた直後、ネボガトフ少将は三隻の戦艦の艦長を呼び寄せた。そして、これ以上無益な流血を避けて、二千五百名の乗組員の生命を救うために降伏したことを説明した。三人の艦長は一人として反対意見を発しなかったという。

一方、敵が動きを止めたのを確認した東郷長官は、秋山参謀と山本信次郎大尉(通訳兼)を敵の旗艦「ニコライ一世」に派遣し、降伏の手続きをとるために司令官を「三笠」に連れてくるよう命じた。明治三十八年五月二十

ロジェストウェンスキーが脱出用に選んだ駆逐艦「ベドウイ」。

意識も途切れがちなほどの重傷を負ったロジェストウェンスキー中将。

八日午前十時五十三分、竹島の南南西約十八浬(約三十三キロ)の地点だった。「三笠」の近くにいた水雷艇「雉」が呼ばれ、秋山中佐と山本大尉は「ニコライ一世」に向かった。秋山が言う。

ネボガトフ少将は慇懃に二人を迎えた。

「わが東郷大将は貴下とともに、ここに惨烈なる海戦が終結したことを慶び、名誉の降伏として、貴下などをして帯剣のまま本国に帰還できるよう取り計らうことを約束する。よって貴官は降伏の諸条件を協定するために、すみやかにわが旗艦に来られる事を希望する。また、すでに降伏したからには、貴艦隊の艦船・兵器などはいっさい現状を維持すべきことをただちに厳達されたい」

ネボガトフ少将は承諾し、日本の〃希望〃を各艦に伝えるために暫くの猶予を申し出た。

やがて礼服に身を改めた少将は、幕僚とともに上甲板に出て総員を集め、降伏のやむなきにいたった経過を話した後、幕僚とともに水雷艇「雉」に乗り移った。

午後一時三十七分、東郷長官は「三笠」に着いたネボガトフ少将と将官室で会見し、降伏の条件を言い渡した。五隻の軍艦はすべて現状のまま日本軍に引き渡し、乗組員は全員捕虜とする。士官以上は帯剣を許すことなどだった。こうして日露の海戦は、思えばあっけない幕切れを迎えたのである。

ロジェストウェンスキー中将の降伏

初日の戦闘で重傷を負ったロジェストウェンスキー中将は、駆逐艦「ブイヌイ」に収容されていた。ところが「ブイヌイ」は石炭が底をつきはじめ、機関も故障続出で、ウラジオストクまで逃げ延びることが不可能とわかった。幕僚たちは会議を開き、重傷のロジェストウェンスキー長官を日本の沿岸に上陸させ、艦は自沈させることにした。また、航行中に日本の巡洋艦に遭遇したときは、長官を敵の砲撃から守るために白旗と赤十字旗を掲げ、駆逐艦は投降することも決定した。

激戦の夜が明けた。「ブイヌイ」は北方の鬱陵島に向かって進んでいた。すると前方はるかに巡洋艦「ドミトリードンスコイ」が二隻の駆逐艦(「ベドウイ」「グローズヌイ」)をともなって航行しているのを発見した。コロメイツォフ艦長は無線で「ドンスコイ」に救援を仰いだ。そして艦長は長官に「ドンスコイ」への移乗を勧めたが、ロジェストウェンスキーは「ドンスコイ」に随伴してきた駆逐艦「ベドウイ」への転乗を決めた。それは「ベドウイ」がまだ二昼夜分の石炭を積載していると報告したからだった。長官と幕僚たちはただちに「ベドウイ」に乗り移り、再度の脱出を試みることにした。

同じころ、第三駆逐隊の「漣」(艦長・相羽

敵の司令長官を捕虜にした駆逐艦「漣」。

「漣」とともに「ベドウイ」を追いつめた駆逐艦「陽炎」。

恆三少佐）が韓国の蔚山湾《ウルサン》を出航していた。同艦は前夜の夜襲戦で機関が故障したため蔚山湾に入って修理をし、二十八日の午前八時に錨を揚げて連合艦隊の集結地・鬱陵島に向かおうとした。湾口にさしかかると第五駆逐隊の「陽炎」（艦長・吉川安平大尉）が仮泊しているのが見えた。相羽少佐は信号を送った。

「本艦これより鬱陵島に向かわんとす。貴艦も同行されては如何」

「陽炎」から「同道乞う」との返電があり、二艦は鬱陵島を目指した。そして午後二時過ぎ、水平線上に二本マストの駆逐艦二隻を発見した。当時の日本に二本マストの駆逐艦はない。

「漣」と「陽炎」は速力を二十五ノットに上げて追跡に入った。速力に勝る日本艦はみるみる追い付き、午後四時四十五分、距離四千メートルの戦闘距離に入った。

ロシアの二艦も戦闘準備に入っていた。しかし「ベドウイ」の艦橋では幕僚たちが集まって何ごとか協議をはじめた。そして艦長のバラーノフ中佐が、ロジェストウェンスキー中将が寝ている船室に降り、戦闘を開始すべきかどうか指示を仰いだ。するとロジェストウェンスキー中将は言った。

「砲撃を開始する必要はない。我々は捕虜になる。グローズヌイには信号をもってウラジオに行けと伝えよ」

バラーノフ中佐は信号兵に白旗の準備を命じ、参謀長のコロン大佐は戦闘準備に入っている砲員に解除を命じた。そして僚艦の「グローズヌイ」には全速力でウラジオストクに向かえと信号を発した。

このとき日本の二隻の駆逐艦はマストに戦闘旗を掲げ、砲撃を開始した。ロシアの先頭艦「グローズヌイ」も逃走しながら応戦を開始した。ところが「漣」の乗組員の一人が、ロシアの後続艦のマストに白旗が掲げられたと報告してきた。やがてその後続艦はぴたりと停止し、「汽罐故障」の万国信号を翻した。よく見ると後檣（帆柱）には赤十字旗が、前檣には白旗が掲げてある。白旗はわかるが赤十字旗は何のことだかわからない。そのとき僚艦の「陽炎」は独力で白旗を掲げている敵艦の鹵獲に取りかかった。

ボートが降ろされ、七名の兵を連れた伊藤伊右衛門中尉が敵艦に向かった。そして敵艦に着いた伊藤中尉から信号が送られてきた。

「本艦には敵艦隊の司令長官ロジェストウェンスキー提督及びその幕僚座乗し、乗組員総計九十四名あり」

なんと敵の司令長官を捕虜にした！　「漣」の艦内にどよめきが走った。相羽少佐は信号を送った。

「しからば司令長官及び幕僚を連れ来たれ」

再び伊藤中尉から返信がきた。

「司令長官は重傷（ヘビー・ウーンデッド）にて動かす能わず。是非この艦内に止め置かれたしと懇願す」

重傷と聞いては武士の情け、相羽艦長は敵の長官の代わりに連絡将校の同行を伊藤中尉に命じた。伊藤中尉は四名の将校を連れて帰ってきた。すでに「ベドウイ」のメーンマストには旭日旗がひるがえっている。大砲と水雷の主要部はすべて取り除かれ、武器や弾薬は海中に捨てられた。

相羽少佐はロシア側の要望を聞き入れて、士官四名を「漣」に移した他は、ロジェストウェンスキー中将をはじめ幕僚七名、バラーノフ

艦長以下七十七名の下士卒はそのまま「ベドウイ」に乗艦させたまま、ひとまず韓国の蔚山に回航することにした。

日本軍の士官は全員「ベドウイ」から帰艦させた。それは、相羽艦長には昨日来の戦況がまだよくわかっていなかったからだ。もしかしたら回航の途中で有力な敵に遭遇するかもしれないし、そのときは躊躇なく鹵獲艦を撃沈するつもりでいたからである。

それにしても、日本の乗組員たちには「ベドウイ」がなぜ降伏したのか腑に落ちなかった。たしかに司令長官は重傷を負ってはいたが、それが降伏の理由になっているなど想像もできない。ロジェストウェンスキーは、仮に乗艦が撃沈されようともウラジオストクへの脱出を試みるべきだったのではあるまいか。現に僚艦「グローズヌイ」は、追撃する「陽炎」と砲戦を交わしながら、ついに振りきってウラジオストクに到着している。

二十八日の午後七時二十分、「漣」は「ベドウイ」を曳航して戦場を後にした。静かだった海にやや風が出てきた。当時の日本の駆逐艦の中で「漣」は中型艦だったが、それでも排水量はわずか三〇五トンしかない。この小さな艦がたった一隻で、敵の司令長官を乗せた鹵獲艦を暗夜の海を曳いていく。

5月28日、日本側は降伏した「アリヨール」の副長以下数名を‘人質’として「朝日」に収容し、降伏艦を日本に連行することにした。

「アリヨール」の乗組員たちが不穏な行動をとっているため、日本側は乗組員300余名を「朝日」に収容した。

夜も明けた二十九日の午前六時過ぎ、鎮海湾を間近にしたところで偶然、巡洋艦「明石」に出会った。相羽艦長は「明石」にいきさつを説明して「ベドウイ」の曳航を頼み、無線で「三笠」の東郷司令長官に敵艦拿捕《だほ》を報告し、以後の指示を仰いだ。当初、「三笠」からは「鎮海湾に行け」と命令が出たが、間もなく「佐世保に直行せよ」と訂正電が届いた。五月三十日午後零時四十五分、「ベドウイ」は無事佐世保に入港した。ロジェストウェンスキー中将はただちに海軍病院に運ばれ、手厚い看護を受けることになる。

壊滅したバルチック艦隊

ネボガトフ少将指揮下の降伏艦の護送は第一戦隊と第二戦隊に命ぜられた。五月二十八日午後七時半、「ニコライ一世」の鹵獲指揮官を命ぜられた第一戦隊の「敷島」副長・山田猶之助中佐は鹵獲地点を出発した。護衛には同戦隊の「富士」が就《つ》いた。戦艦「アリヨール」も第一戦隊の「朝日」と「春日」に護衛されてこれに続いた。装甲海防艦の「アプラクシン」と「セニャーウィン」の護送は第二戦隊が担当した。

これら四隻の中で比較的損害が少ないのは

日本海でロシアのバルチック艦隊を壊滅させたという朗報はたちまち全国津津浦浦に伝わった。街は戦勝気分につつまれ、人々は歓喜に躍った。写真は東京の街角。

「ニコライ一世」だけで、あとの三艦は大破か中破に近い損害を被っていた。ことに「アリヨール」ははなはだしく、舷側や甲板上は見るも無残に打ち砕かれていた。そのうえ、ネボガトフ少将の降伏に抵抗する乗組員たちによって、蒸気の主管や汽罐などにさまざまな妨害が仕掛けられていて、二十九日の深夜には機関が止まってしまった。艦体も右舷に三十四度も傾き、とても佐世保まで回航することは不可能になっていた。鹵獲指揮官の「朝日」副長の東郷吉太郎中佐は、「アリヨール」をもっとも近い舞鶴港に回航することにし、司令部の許可を求めた。

「アリヨール」は五月三十日午後一時、舞鶴に入港し、「ニコライ一世」も午後二時三十分に佐世保に入港した。そして第二戦隊が回航する「アプラクシン」と「セニャーウィン」も、途中、舵機の故障で漂流するなど四苦八苦の航行だったが、二隻の戦艦よりもやや早い午前九時ごろには佐世保に入っていた。

しかし、戦場の日本海には、まだバルチック艦隊の敗残艦が多数さまよっている。日本の艦隊は、両指揮官の降伏後もこれら逃走するロシアの艦艇を各個に追いつめ、撃沈、あるいは拿捕して文字通りバルチック艦隊を壊滅させた。記録によれば、日本海に来航したバルチック艦隊三十八隻のうち、撃沈または鹵獲から免れた艦艇は巡洋艦五隻(内一隻は座礁後自爆)、駆逐艦三隻、特務艦三隻に過ぎなかった。そして日本側の損失は、各艦とも被害は受けたが、沈没したのは水雷艇三隻だけであった。

人員の損害は、ロシア側が戦死者約五千名、日本の捕虜になった将兵は六千百六名だった。捕虜の内訳は、司令長官以下、将校ならびに同相当官などが二百六十八名、文官五名、準士官ならびに同相当官百二十三名、下士卒五千七百十名である。日本は全軍を通して将校以下戦死が百十六名、負傷者五百三十八名であった(死傷者の数は戦後若干増加)。

第8章

ポーツマス講和会議

講和談判を有利にした樺太攻略

二人の密使、米英に飛ぶ

ロシアとの開戦を決定したとき、資源も財力も乏しい日本政府は早期講和を考えていた。その講和の仲介者として考えていたのはイギリスとアメリカであった。当時の駐米公使は高平小五郎だったが、政府はアメリカ政府、とりわけルーズベルト大統領の〃工作特使〃として貴族院議員の金子堅太郎を密かに選んでいた。そしてイギリスには伊藤博文の婿養子である末松謙澄（貴族院議員・法学者）を〃特使〃として派遣することもあらかじめ決めていた。目的は欧米に湧きつつある黄禍論を抑えながら対日友好の世論を形成して、将来の対露講和の立場を有利に導こうというものであった。

金子はルーズベルト大統領とはハーバード大学の同級生で、大統領をはじめアメリカには多くの知己を持っており、末松もまたケンブリッジ大学を卒業してイギリスの事情に明るかったからである。

日露開戦を決定した二月四日の御前会議の後、金子は枢密院議長の伊藤博文から電話で呼び出しを受けた。急ぎ霊南坂の枢密院議長官邸に駆けつけると、伊藤は今日の御前会議で日露開戦が決まったことを告げ、明朝には日露国交断絶、開戦の発表になると説明した。そして「ついては君に、すぐアメリカに行ってもらいたい」と切り出した。

伊藤から派遣の理由を聞いた金子は、ことの重大さに驚いて固辞した。アメリカ国内の事情を精通しているだけに、とてもこのような大任は果たせないと思ったからである。金子はアメリカの事情に詳しい他の適任者の名前を挙げて断り続けた。しかし伊藤は引き下がらなかった。

「それは皆それぞれ立派な人に違いないけれども、ルーズベルト氏との関係は君が一番

中立を宣言して日露講和の締結に尽力したセオドア・ルーズベルト米大統領。

特使・金子堅太郎

特使・末松謙澄

ロシア；「大国には損なことが一つある。その相手国に対してみんなが同情するからなア」（「シカゴ・レコード・ヘラルド」誌）

「地上に平和を！　人には善意を！　ただし現在の相手（日本）は例外」　日露開戦前のロシアに対する米国人の見方。（「ミネアポリス・タイムス」）

駐米ロシア大使カシニー

日本の回答「戦争」（「ミネアポリス・ジャーナル」）

親密だ。君の外にない。君が行かなければアメリカは取り逃がす」

　ここで伊藤は、こんこんと説き伏せた。国家存亡の危機に立たされているいま、交渉ごとの成功、不成功を計算して事に当たる余裕はない。自分が持っているあらんかぎりの力をぶち当てて、それで失敗したなら仕方がない。どうかアメリカに行って日本のために身を投げ出してくれと、伊藤は懇願するかのように言ったのだ。

　金子は感動した。

「よろしゅうございます。そこまで閣下の御決心を伺えば成功、不成功は決して問うところではございません。三寸の舌のあらんかぎり各所で演説をして回り、三尺の腕の続くかぎりは筆をもって書いて、そうして旧友と日夜会談して及ぶだけの力を尽くしましょう。それで閣下のご希望通り目的を達しなければ金子の不徳、金子の無能とご承知願いたい。国を賭しての戦いであるならば、金子は身を賭して君国のためにつくしましょう」

　こうして金子は二月二十四日にあわただしく横浜港からアメリカの「サイベリア」号に乗って出発した。

ルーズベルトの日露講和戦略

　アメリカのセオドア・ルーズベルト大統領は日露の開戦と同時に中立を宣言した。しかし、その立場は一貫して日本に好意的であった。

　一九〇一年九月から一九〇九年三月まで、再選を挟んで延べ七年半大統領の職にあったルーズベルトの極東政策の基本は、日露両勢力の均衡と中国・満州の門戸開放であった。ロシアを含めたヨーロッパ列強に比べ、アジアへの進出に後れをとっていたアメリカの視線は、フィリピン領有後ははっきりと極東に向けられていた。そのアメリカの極東進出計画の前に立ちはだかりつつあったのが、清国の遼東半島を手に入れ、いままた満州の地に居座ろうとしているロシアだった。そのロシアに、極東の新興国・日本が立ち向かった。日露開戦後、ルーズベルトが常に日本に対して好意的立場を取っていたのは、〈日本に勝ってもらいたい〉という彼の願望の現れだったともいえる。

金子がニューヨークに着いた当初は、アメリカの新聞や国民は大半がロシア贔屓《びいき》だった。すでにロシアは多額の資金を投入して主要な新聞記者たちを〝買収〟して反日キャンペーンを展開していた。そのキャンペーンの急先鋒に立っていたのが、ロシアの駐米大使カシニー(伯爵)だった。

一方、金子は伊藤や桂首相の勧める特命全権大使などの肩書をいっさい断り、一人の貴族院議員としてアメリカに乗り込んできたのだが、現地では実質的な日本の特命全権大使と誰もが受けとっていた。新聞記者たちも当然押し寄せるようになる。カシニーの日本攻撃に対する反論を聞く。金子は流暢《りゅうちょう》な英語で一つ一つ反駁《はんばく》する。そして、この小柄な日本の特使は、あの大柄なルーズベルト大統領とはハーバード大学の同級生で、親密な間柄であることも知れ渡る。

ドイツ皇帝ヴィルヘルム2世

ロシア皇帝ニコライ2世

実際、金子にとってルーズベルトは力強い後ろ盾《だて》だった。金子が渡米後初めて挨拶に訪れたとき、ルーズベルトははっきりと言った。昭和四年に発行された金子の講演録『日露戦役秘録』の新版、『日露戦争日米外交秘録』(石塚正英編・長崎出版刊)によれば、ルーズベルトはこう言ったという。

「ロシアは近年各国に向かって悪虐無道の振る舞いをしている(略)。今度の戦もずっと初めからの経過を調べてみると、日本が戦をせざるをえない立場になっている。よって今度の戦は日本に勝たせなければならぬ。そこで吾輩は影になり、日向になり、日本のために働く。これは君と僕との間の内輪話で、これを新聞に公にしては困る」

当初、ルーズベルト大統領は旅順陥落時が講和提議の時期と見ていた。しかしロシアは「わが国土は寸土たりとも奪われてはいない!」と、講和斡旋を拒否してきた。写真は旅順陥落で日本軍の捕虜になったロシア兵。

もちろんルーズベルトが「日本のために働く」と言ったのは、単に金子との友情や正義のためだけではなく、前記したようにそれがアメリカの利害と一致していたからである。

実際、ルーズベルトは日露戦争中、日本軍優位の戦局を見きわめながら何回も休戦・講和に動いている。最初に動いたのは、日本の第三軍がいよいよ旅順総攻撃を開始しようとしていた明治三十七年(一九〇四)の末から、翌三十八年の初めにかけてだった。相手はドイツとイギリスだった。ドイツの皇帝ヴィルヘルム二世はロシアのニコライ二世とは親密な間柄であり、イギリスは日本の同盟国である。日露両国へ影響力を行使できるのは、このドイツとイギリスだけだったからだ。

ことにドイツとは日露が開戦すると同時に、ルーズベルトは皇帝ヴィルヘルムと連絡を取り合っていた。その中でルーズベルトは、もし日露の講和が成ったとき、アメリカは日本が朝鮮を支配することに反対しないだろうし、各国の保証のもとに満州の中立化に努める用意がある、とはっきり伝えている。さらにイギリス政府からは、朝鮮における日本の宗主権の行使と旅順の日本帰属についても了解を取りつけていたという。

一見、ルーズベルトの外交方針は、まるで日本の代理人のようにも受け取れるが、当時のアメリカにとっては、朝鮮を日本の属国にしても、ロシアの優越権をアジアから駆逐することが最大の目的であったのである。それが太平洋圏にアメリカの確固とした足場を築く第一歩であり、新たに手に入れたフィリピンの安寧に結びつくと判断したのであろう。

日本の勝利に沸きかえる米国

日本とロシアの両軍が旅順で激戦を展開していた一九〇四年十一月四日、ルーズベルトはアメリカ大統領に再選された。そのルーズベルトは、旅順陥落時が講和の時機と考えていた。

日本海海戦での日本の大勝利は外国でも大ニュースとなり、各国の新聞・雑誌は大々的に報道した。写真は週刊イラスト新聞『グラフィック』の1905年8月5日号の1面。

そのためルーズベルトは十二月二十六日に、親露的と見られていたマッコーミックに代えて、親友のジョージ・ボン・レンジャーク・マイヤーを駐露大使に任命、講和の準備に入っていた。

明治三十八年一月一日、旅順は陥落した。ルーズベルトはさっそくロシアの同盟国であるフランス政府に対し、ロシアに講和を勧告するよう働きかけた。しかし、この講和活動はロシアの拒否にあって実らなかった。旅順で敗れたとはいえ、ロシア軍は依然として奉天付近に三十万を超える主力が展開しており、増援軍も陸続として送り込まれている。加えてバルチック艦隊は日本海での制海権を奪回すべく、今まさに洋上にある。決戦はこれからだという認識が強かったからである。

だが、日本軍は三月一日から奉天総攻撃を開始し、三月十日には奉天を占領して再び勝利をおさめていた。しかし日本軍の力も尽きかけていた。兵員も弾薬も不足していて、しばしば〃持久対峙〃いう名のもとに戦闘を中止するありさまだった。明治三十八年三月二十三日、大山巌満州軍総司令官が山県有朋参謀総長に「今後の作戦の要は政略と戦略の一致にあり」と意見具申したのも、日本軍の戦力が限界にきていることを物語っていた。

こうした現地軍の状況と有利な戦況を見て、日本政府も講和のチャンスと捉《とら》えていた。寺内正毅《まさたけ》陸相がグリスカム駐日アメリカ公使に個人的意見としながらも、戦争終結の意思があることを米大統領に伝えてほしいと要望したのもこのときだった。

日本政府の意向を知ったルーズベルトは再び行動を起こした。三月十五日にはフランスのジュスラン大使に、再度ロシアに対して講和を勧告するよう要請し、十八日にはドイツのシュテルンブルク駐米大使に対して、ウイルヘルム皇帝によるロシアへの勧告を希望する旨伝えた。さらに駐米ロシア大使カシニーには、講和を長引かせれば、それだけ日本側の講和条件は厳しくなると、強い調子で〃注意を喚起〃したのだった。だが、ルーズベルトの工作は今度も実らなかった。ロシアは依然としてバルチック艦隊の東航によって戦局を一挙に挽

回できると踏んでいたからである。

日本政府もルーズベルトも、すべてはやがて起こるであろう日本海での海戦の如何にかかっていることを認識した。その日本海海戦が日本の圧勝で終り、ロシア海軍は壊滅してしまった。アメリカ国内は、まるで自国の海軍が大勝したかのように、日本海軍の勝利で沸き返った。新聞はこぞって日本の勝利を称え、「ロシアの敗北は文明の勝利である」とまで言い切って、早期講和を促した。ルーズベルトも大喜びで、五月三十日に金子に祝辞を送ってきた。

日本海海戦に完勝した日本政府は、三日後の五月三十一日に駐米高平公使に訓令を発して、ルーズベルト大統領に対して間接的な表現ながら、日露講和の斡旋を希望する旨申し入れさせた(六月一日)。

六月二日、ルーズベルトは日本からの申し入れを隠して駐米ロシア大使カシニーを官邸に招き、日本との講和を正式に勧告した。だが主戦派のカシニーには日本との講和などは意中になく、断固拒否の態度を見せた。カシニーは言い放った。

「満州においてわが軍が劣勢にあるとはいえ、わがロシアはいまだ日本軍に寸地の領土も占領されてはいない。寸地尺土も失っていないのにロシアから進んで講和を求め、今日まで毀損されたロシアの名誉をますます失墜させるようなことはできない。大統領の忠告には深く感謝いたしますが、講和に関しては遺憾ながら採用することはできません」

ところが翌三日、ドイツのシュテルンブルク駐米大使がルーズベルトを訪れて、ドイツ皇帝は大統領の講和斡旋にあらゆる援助を惜しまないという本国からの訓令を伝えてきた。さらに駐独アメリカ大使からも、ドイツ皇帝がロシア皇帝に書簡を送って、アメリカ大統領に依頼して講和を実現するよう勧告したとの報告を送ってきた。

ルーズベルトはカシニー大使を通じての講和斡旋を諦め、三日後の六月五日、アメリカのマイヤー駐露大使に対し、ロシア皇帝に直接会って講和を提議するよう訓令を発した。ルーズベルトは、日露双方が全権委員を立てて直接講和会議を行うことを提議し、もし皇帝が承諾なさるならば、皇帝の意向は秘匿して日本からも同様な承諾を取りつけるよう努力しようと伝えた。

六月七日、マイヤー大使から、ニコライ皇帝が絶対秘密を条件にルーズベルトの提案を承諾したという電報が入った。すでに日本政府は六月一日に、講和斡旋の手続きなどについては米大統領に一任する旨を伝えてきていた。ついに日露の講和会議が開かれることになったのだ。

旅順が陥落して間もない1905年1月22日、ロシアの首都ペテルブルグでは労働者たちのデモ行進に軍隊が発砲し、いわゆる「血の日曜日」が起こっていた(写真上)。この惨劇をきっかけに、ロシアの革命の火は一挙に燃え上がり、日本との戦争にも大きな影響をもたらした。下は「血の日曜日」の犠牲者を葬る労働者と兵士たち。

参謀次長・長岡外史少将

ルーズベルト大統領も勧めた樺太占領だったが、日本の政府も軍部も積極的な行動は見せなかった。左はやがて日本軍が上陸地点に選ぶ樺太のポロアントマリ村の海岸。

児玉の一喝で決まった 樺太攻略作戦

マイヤー駐露大使に訓令を発した日、ルーズベルトはニューヨークの金子堅太郎に書簡を送り、至急ワシントンで懇談したい旨を伝えた。六月七日、金子は大統領官邸を訪問した。二人で昼食を済ませると、ルーズベルトは金子を内庭に面したベランダに誘い、それまでの講和斡旋の経過を話したあと、「さて、いよいよ講和談判になるものとみて、君に忠告することがある」と、言葉を改めた。

「これまでロシアに対してはなんべんも講和談判を開始するよう言ってきたが、ロシアの領地は寸地も日本軍に占領されておらぬからと言って拒絶している。そこでこの際、日本は速やかにサガレン（樺太）に出兵し、防備の薄い地方に上陸して、ただちにこれを占領することが必要である。私のみるところ一旅団の陸軍と二、三の砲艦を派遣すれば、サガレンには容易に日章旗を掲揚できると思う。講和談判が開始されない今のうちならばよいから、早くサガレンを取るよう、君から日本政府に言ってくれよ」

このルーズベルトの〃樺太占領勧告〃は、翌八日、ワシントンの日本公使館を通じて日本政府に伝えられた。第三国の大統領が交戦国の一方に領土奪取を勧めるのも変な話だが、ルーズベルトの胸中には、日本がロシア領の樺太を占領すれば、ロシア側に日本の講和条件を飲ませやすいとのヨミがあったからにほかならない。

日露開戦後、つねに樺太占領を主張していたのは参謀次長の長岡外史少将であった。しかし山県参謀総長も寺内陸相も反対を繰り返してきた。首相の桂太郎も海相の山本権兵衛も消極的だった。陸軍は兵力の分散は好ましくないとし、海軍はバルチック艦隊の東航を控えているいま、陸軍護衛の艦隊は派遣できないというのが理由だった。

長岡の樺太占領計画が息を吹き返したの

樺太北部の中心都市アレキサンドロフの市街。

アレキサンドロフ市街全景。

樺太遠征軍の第13師団の首脳。前列中央が師団長の原口中将。

は、奉天会戦の勝利がほぼ確実視され、講和の必要性が現実問題となった三月中旬だった。参謀本部では講和をできるだけ有利に導くために、奉天会戦後の作戦方針の策定を迫られていた。長岡は、この「第二次作戦方針」には是が非でも樺太攻略を盛り込ませなければならないと思った。しかし自分一人の力では山県や寺内の気持ちを変えさせることはできない。

長岡は師とも仰ぐ満州軍総参謀長の児玉源太郎大将の上京を促すことにした。児玉大将なら講和を見据えた樺太攻略作戦の必要性をわかってくれるに違いないと考えたからだ。召還の理由は「第二期作戦計画策定のため」で十分である。

長岡次長の策略は図にあたった。陸軍作戦の実質的最高責任者である児玉の登場となれば、桂や寺内はもちろん山県もいい加減な態度はとれない。その証拠に、児玉総参謀長上京の報は元老や大本営の面々に少なからぬショックを与えたと、谷壽夫の『機密日露戦史』は紹介している。

「児玉さんが帰るからそれまでに樺太行の準備だけはして置かねばならぬとの次長の提議は案外の衝動を与え、三月二十二日に至り樺太遠征準備の会議は大本営の楼上において開かれた」

会議には寺内陸相、長岡参謀次長、宇佐川一正軍務局長をはじめ大本営の幕僚ら八名が参加し、四月一日をもって樺太遠征軍の第十三師団の動員をあっというまに決定したのだ。長岡は小躍りして喜んだという。

三月二十八日に入京した児玉大将は長岡に言った。

「俺は戦争を止めるために上京したのだ」

長岡は百万の味方を得た思いで、参謀本部が作った陸軍の「第二期作戦計画案」を児玉と協議の上、決定した。その作戦計画案は、満州軍は既定の作戦方針通りハルビンに向かって兵を進め、新たに一軍を編制して韓国内のロシア軍を駆逐、海軍の協力のもとにウラジオストク一帯と樺太を占領するというものだった。ところが陸軍の攻略部隊は新設されたものの、バルチック艦隊の来航を目前にした

海軍の反対で、この二つの作戦はまたもやお蔵入りになる。すべてはバルチック艦隊との決戦如何にかかってしまったのだ。

その日本海における決戦は日本の大勝利に終わった。ルーズベルト大統領からの講和提議も届いており、今こそ樺太を占領する最後のチャンスだ。長岡次長は説得に走り回る。しかし参謀総長の山県や首相の桂はぬらりくらり逃げを打つだけだった。終始一貫、長岡次長の樺太占領を支持してきたのは小村寿太郎外相だけである。小村ははっきりと言った。

「是非やっていただきたいと思っています。講和談判にはしごく都合がよいと思います。ただ海軍がどうであろうか……」

児玉源太郎大将（奉天の満州軍総司令部宿舎前で）

すでに小村はルーズベルトの〝樺太占領勧告〟を知っていたから、断定調で言えたのであろう。問題は小村も懸念する海軍の態度である。その海軍は山本海相も伊東軍令部長も相変わらず積極姿勢を見せない。日本海海戦で傷んだ軍艦の修理がまだ不十分だとか、霧の状態が悪いからとか言っている。そして六月十二日の元老たちによる相談会で、樺太攻略はまたも中止と決められた。

長岡次長はあせった。日本はすでにルーズベルト大統領に講和会議受諾の返事をしている。樺太と韓国北部進出を怠り、このまま講和会議に入ってしまえば宗谷海峡の半分はいぜんとしてロシアの勢力下に残ることになり、日本海の制海権も完全掌握したことにはならない。長岡次長はふたたび満州に戻った児玉総参謀長の助力を乞うことにし、二人だけで決めてある暗号を使って電報を打った。

「大本営はいたずらに軽重本末論にとらわれ、ひたすら慎重を守り、樺太占領も北韓軍前進も何もせず。手を束ねてただ講和談判を待つということに、ただいま宮中における巨頭会議にて決定せられた。この如くにして千載の好機を逸すは実に遺憾千万なり。閣下に大旋回の御工夫を乞う」

六月十四日午前十一時半、児玉大将から返電が届いた。

「講和談判が近き将来に於いて開始せられんとする今日、此の談判進行中に処する計画は既に策定せられあることを信ずれども、刻下に於ける作戦の方針は講和談判をしてなるべく速やかに、且つ有利に結了せしむる如く策定せらるるを要す。換言《かんげん》すれば絶対的に休戦を拒絶し、彼の痛痒《つうよう》を感ずる所に向いて勇進し、談判一日を遅延せば一日だけの要求が重大となるの感を起さしむるを要

児玉大将の再度の一喝で樺太攻略は決まり、日本軍は明治38年7月7日払暁、樺太南部のアニワ湾からメレヤ村の海岸に上陸、攻略戦を開始した。

樺太防衛のロシア軍部隊は貧弱で、日本軍はほとんど無抵抗状態で全土を制圧していった。写真下右は工兵大隊の露営。下左は、日本軍の上陸を知ったロシア軍がコルサコフ市街に火を放って退却していった跡。

す。これが為にはサガレンに兵を進め、事実上これを占領し、ウスリーに向っても前進を継続し、また満州軍の方面に於いては準備出来次第猶予なく地歩を進め、なし得れば尚一大打撃を与える如くすること甚だ緊要なりと信ず。畢竟《ひっきょう》これらの処置は談判を速やかに解決するの主意に外ならず。敢えて卑見を具申す。

児玉自署す」

長岡次長は児玉大将の返書を石版刷りにし、首相、外相、陸相をはじめ手の届くかぎりの関係者に配布した。長岡は児玉にお礼の電報を打ち、願わくば桂首相にも同様の電報を打っていただきたいと付け加えた。

またもや児玉の登場に、大臣や元老たちは顔を青くした。そして韓国北部進出と樺太攻略作戦実施はあっけなく決定された。六月十七日、樺太攻略作戦は天皇の裁可が下り、新設の独立第十三師団に出動命令が下された。

二個旅団編成の第十三師団長原口兼済中将指揮の樺太遠征軍は、日本海海戦後新編制された連合艦隊の第三、第四艦隊からなる北遣艦隊（司令長官・片岡七郎中将）に護送されて七月七日払暁、樺太南部のアニワ湾（亜庭湾＝東伏見湾）に侵入、メレヤ村（女麗）の海岸線から上陸を開始した。

当時、樺太のロシア軍は歩兵一個大隊、民兵約二千名、砲兵一～二個中隊程度で、とて

樺太南部を制圧した日本軍は、北部の要衝アレキサンドロフ一帯の攻略に入った。上は7月25日の第1アルコワにおける上陸作戦の模様(上)。

右は第1アルコワ村への上陸作戦に先立って行われた艦砲射撃(7月24日午前9時)。ロシア軍の抵抗は散発で、現地のロシア軍は間もなく白旗を掲げた。

7月31日にハムダサニで行われた日露両全権委員による降伏会議。

も防衛軍と呼べるものではなかった。日本軍は散発的な抵抗は受けたものの、七月九日には早くも先遣部隊が樺太南部の要衝コルサコフ(大泊)を占領、二十四日には師団主力が北部のアルコワ付近への上陸に成功していた。そして二十七日までに樺太北部の要衝アレキサンドルフとルイコフを占領、七月三十一日にロシア軍が降伏して樺太全土は日本軍の手に帰した。こうして日本軍が初めてロシア領を占領したことで、日本は講和会議の切り札を一枚ふやしたことになり、談判はがぜん有利なものになると思われた。

日本全権・小村寿太郎外相

日本全権・高平小五郎公使

ロシア全権・ウィッテ

ロシア全権・ローゼン

日露の講和会議が行われたポーツマスの海軍造船所本部第86号ビル。

決裂寸前の ポーツマス講和会議

日露講和会議の場所にはアメリカのポーツマス市が選ばれた。ボストンの北約八十キロにあるポーツマスは、人口わずか一万足らずの軍港で、古くから造船の町として知られていた。ルーズベルトがポーツマスを推薦したのは、暑さが厳しい夏のワシントンよりも涼しいことと、全権団の警備がしやすいことだった。ポーツマスは細い道が曲がりくねっている上に、要所要所には常時警備兵が立番しているから不審者もチェックできる。そして会議場は海軍造船所本部の八十六号ビルだから、うるさい新聞記者もシャットアウトできると考えたのである。

青森の大湊湾に集結した樺太攻略軍がいよいよ出発しようとしていた七月三日、日本は講和全権委員に小村寿太郎外相と高平小五郎駐米公使を選んだ。ロシア側は前蔵相のセルゲイ・ユリエウィッチ・ウイッテと、カシニーに代わって駐米大使に赴任したばかりの前駐日公使ローマン・ロマノウィッチ・ローゼンが選ばれていた。講和会議は八月九日に開始され、その後十七回に及ぶ会談を経て九月五日に調印されるのだが、交渉は難航つづきであった。

すでに日本政府は奉天会戦の帰趨《きすう》が決した後の四月二十一日に、あらかじめ講和条件を閣議決定していた。そして六月三十日に若干の修正を加えた講和条件を決定して小村全権に訓令を発した。講和条件は甲乙丙の三項からなっており、次のような内容だった。

◎甲　絶対的必要条件

一　韓国を我が自由処分に委することを露国に約諾せしむること。

二　一定期限内に露国軍隊を満州より撤退せしむること。これと同時に我が方に於いても満州より撤兵すること。

三　遼東半島の租借権及び哈爾賓《ハルビン》—旅順間

「メイフラワー」号に到着した小村（右）、高平の両全権。

日露両全権団の初顔合わせは、ルーズベルト大統領の計らいで8月5日、大統領専用ヨットの「メイフラワー」号で行われた。右はヨットに乗り込む小村寿太郎。上はヨットに向かうウィッテ（前）とローゼン。

の鉄道を我が方に譲与せしむること。

右は戦争の目的を達し帝国の地位を永遠に保証する為め、緊要欠くべからざるものに付、貴官はあくまで之が貫徹を期せらるべし。

◎乙　比較的必要条件

一　軍費を賠償せしむること。右は最高額を十五億円とし、談判の模様に依り其れ以内に於いて適宜《てきぎ》に之を定むること。

二　戦闘の結果中立港に竄入せる露国艦艇を交付せしむること。

三　薩哈嗹《サガレン》及び其付属諸島を割譲せしむること。

四　沿海州沿岸に於ける漁業権を与えしむること。

右は絶対的必要の条件にあらざるも、事情の許す限り之が貫徹に努めらるべし。

◎丙　付加条件

一　極東に於ける露国海軍を制限すること。

二　浦塩《ウラジオ》港の武備を撤し商港となすこと。

右は談判懸け引き上或いは提出を可とするものにして、その取捨運用は一に貴官の裁量に任ず。

日露会談は、日本が決めていた「絶対的必要条件」についてはロシア側の抵抗は比較的少なかったが、「比較的必要条件」としていた樺太の割譲と戦費の賠償、中立港に逃走した艦艇の引き渡し、極東に於けるロシア海軍力の制限には強固に反対してきた。とくに賠償金

に対しては「ロシアは戦いに敗れはしたが、屈服したのではない」と反駁した。
　全権代表のウィッテはペテルブルグを出発するにあたり、ニコライ皇帝から「予はこの際心から講和の成立を希望するが、しかしそれはどこまでもロシアの体面を傷つけないものでなければならぬし、いかなる場合も一銭の償金も一握の領土も譲渡するものであってはならぬ」と、はっきり釘を刺されている。だが、このままでは談判は決裂する。

馬車でポーツマスの会議場に向かう日本全権団一行。

　ウィッテは八月十五日と十七日に、現に占領されている樺太は当分奪回の見込みがないことを理由に、ロシア政府に樺太を割譲して講和を成立させたらどうかと具申した。しかし皇帝からは「一ピャージの土地も、一ルーブルの金も敵に渡してはならない」という短い返事がきたのみだった。ウィッテは皇帝の意思が変わらない以上交渉は決裂に終わるであろうし、新たな訓令がなければ二十一日の会議が最後になるだろうと、外相のラムスドルフに電報を打ち、引き揚げ準備を始めた。

自動車で会議場に向かうローゼン（後部座席の右）とウィッテ。

　一方、小村も十七日に会議がゆきづまり、最後の譲歩をこころみる旨東京に電報を打ち、翌十八日の第七回本会議に臨んだ。小村は樺太割譲と戦費賠償の二つを考慮するなら、海軍力の制限と抑留軍艦の交付は撤回してもよいと譲歩案を提示した。ウィッテも小村もなんとか決裂は避けたいと考えていた。会議はただちに非公式会議に移され、両全権は個人的意見も交えて話し合いに入った。そこでウィッテが賠償金の支払いは絶対に認められないが、樺太については南半分を日本に、北半分をロシアにするという「樺太二分案」を示唆してきた。
　小村はウィッテの樺太分割案は妥協の糸口になると判断、政府に報告して訓令を仰ぎ、承認を取りつけた上で八月二十三日の第八回会談に四カ条の覚書きを提示した。

一　樺太を北緯五十度線で二分し、北はロシアに還付し、南は日本の領有とする。
二　日本及びロシアは、たがいに宗谷海峡及び韃靼海峡の自由航行を妨げるような措置は取らないこと。
三　ロシアは北緯五十度以北の還付に対する報酬として十二億円を日本に支払うこと。

講和会議は難航に難航を重ねていた。日本側は手前左から安達峰一郎書記官、落合謙太郎書記官、小村寿太郎首席全権、高平小五郎全権、佐藤愛麿弁理公使。ロシア側は左からブランソン書記官、ナボコフ書記官、ウィッテ首席全権、ローゼン全権、コロストベッツ書記官。

四　右の協定が完結すれば、日本は軍費払い戻しに関する要求は撤回する。

日本の妥協案を一読し、ウィッテは言った。

「これでは賠償を支払うのと実質的に同じではないか。ロシアが求めているのは賠償なしの講和である。もし仮にロシアがサガレンの一部の還付を放棄して全島を日本に譲るとするならば、日本は軍費要求を撤回するか？」

ウィッテは探りを入れてきたのである。もしここで小村が「それは一考に値する」とでも受け答えをしていたなら、日露講和の結末は別のものになっていた可能性が強い。すなわち、日本は絶対必要条件の三項目に加えて、樺太全土の領有も勝ち取ることができたかもしれないのである。だが、小村はこの絶好機を見逃し、本音を吐いてしまった。

「日本においては軍費支払いの要求を放棄することは、サガレン全島を放棄することと同様の困難があり、受け入れがたい」と。

会議開催以来、日本の償金要求に風向きをロシア側に変えつつあった世界のマスコミは、この小村発言をウィッテが巧妙に新聞に流したことで、「日本は償金欲しさに戦争を続けようとしている」と、風当たりを強くしてきた。そして講和談判は決裂寸前に追い込まれ、八月二十六日にもう一度会談を行い、二十八日を最後の会談にすることで双方の代表団はホテルに引き揚げた。

日露戦争の勝利がもたらした負の遺産

それまで日露の交渉を静観してきたルーズベルトは、なんとか交渉を成立させようと必死の工作に出た。駐露米大使マイヤーに訓令して、ニコライ皇帝に直接親書を渡し、執拗に説得を繰り返した。さらにドイツのヴィルヘルム皇帝、フランスのルーヴィエ首相、イギリスのランスダウン外相なども動員して、ロシア政府とニコライ皇帝説得を展開した。またルーズベルトは金子を通じて日本政府に「ロシアから償金をとるために戦争を続けることは誤りである」と勧告し、譲歩を迫った。

講和会談が危機に瀕していることを知った日本政府は、八月二十八日の最終会議を何らかの理由をつけて二十四時間延期するよう訓令を発し、二十七日から二十八日にかけて閣議と御前会議を開いた。論議は沸騰した。このまま戦争を続行した場合、軍事的にはハルビンを占領できるかもしれない。しかしハル

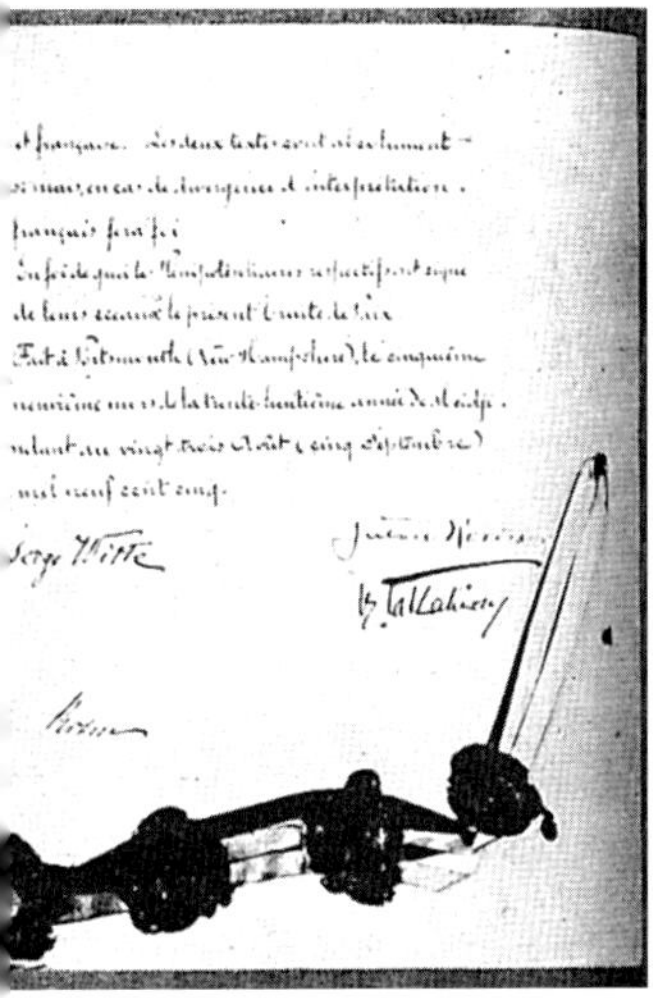

日露講和条約の締結文書。左が第1項で、右が日露両全権の署名のある最終頁。

講和会議の間中、ルーズベルトの気の遣いようは大変なものだった。右の写真は「メイフラワー」号での初顔合わせが終わった後の記念撮影で、右から高平、小村、ルーズベルト、ローゼン、ウィッテ。

ビンを占領してもロシアの死命を制することはできず、逆にロシアの増援軍に対抗するには数個師団の新設が必要であり、現在の日本にはその兵員も予算もない。この際、樺太全島の割譲と償金の二大要求を放棄しても、講和を成立させることが急務であるということになった。そして「何としても講和を成立させよ」という最終電訓が小村に打たれた。八月二十八日午後八時三十五分である。

　ところが二十九日の朝、小村のもとに政府から訓令修正電が届く。すなわち「樺太全島要求を主張することを断念し、最後の譲歩として其の南半の割譲を以て満足するに決したり」と訂正してきたのである。それは、二十八日にイギリスのマクドナルド駐日公使から、ロシアのニコライ皇帝が樺太南部の割譲を認める気になっているという情報がもたらされたからであった。

　最後の講和会議は八月二十九日の午前十時から再開された。最後に残された領土と償金問題は、日本が償金の要求を放棄し、ロシアが樺太の南半分を日本に割譲することで妥協が成立、正式調印された。その日、九月五日午後三時四十七分、日本の小村、高平、ロシアのウィッテ、ローゼンの両国全権が講和条約文に署名を終えると、一人のアメリカ国務省員が会場の海軍工廠から走り出てきて、玄関先に整列している海兵隊の分隊長に「三時

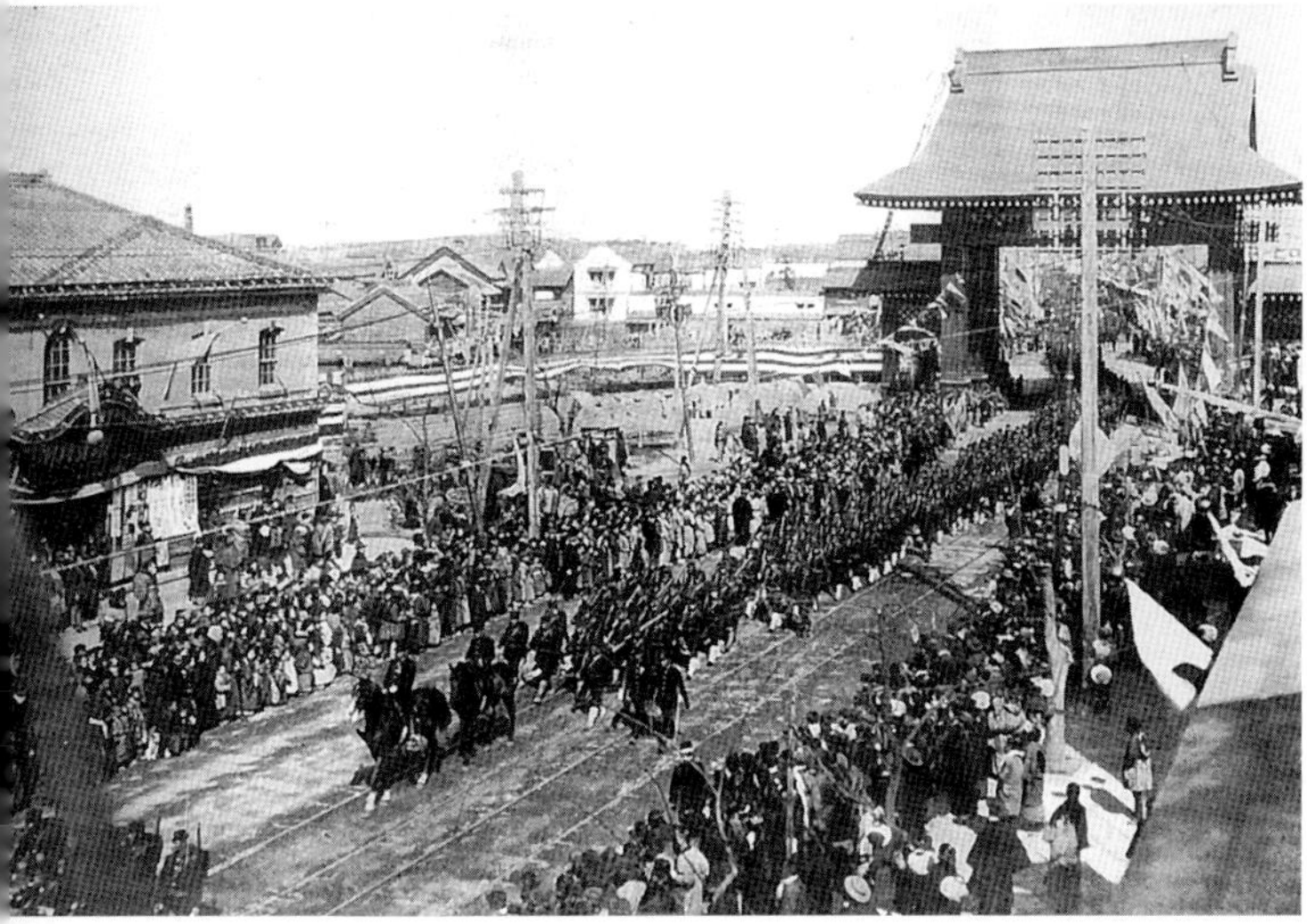

日露講和が成り、戦地の部隊は続々凱旋帰国をした。左上は奥大将率いる第2軍司令部の東京・新橋到着の光景。下は旅順攻略戦で活躍した東京の第1師団（第3軍）が歓迎式典会場の日比谷公園に向かうところ。

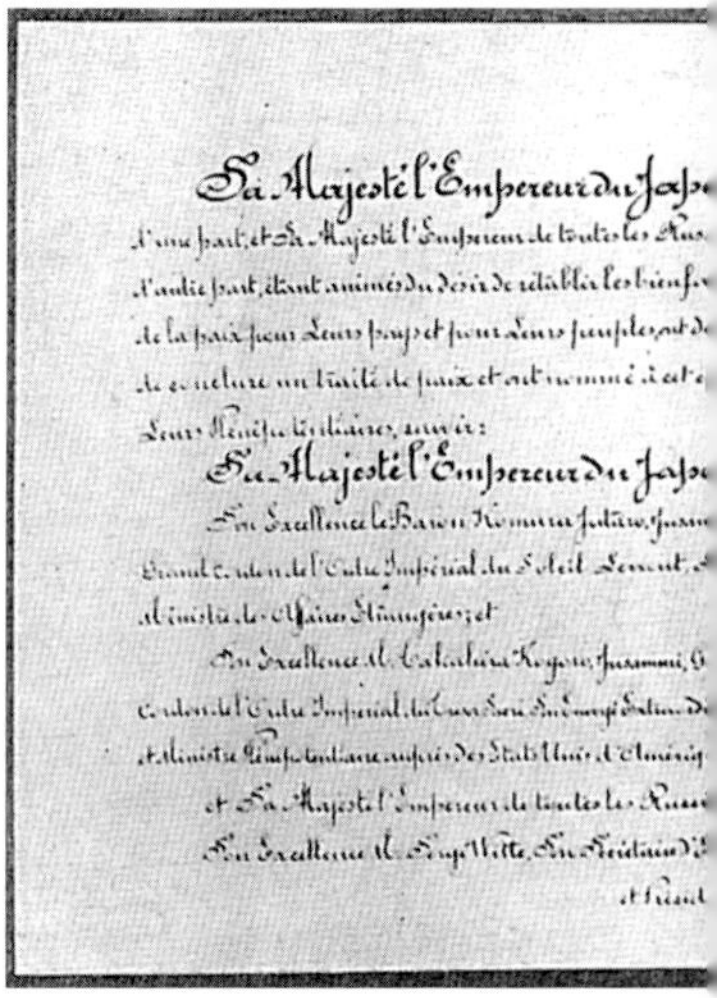
Sa Majesté l'Empereur du Japo
d'une part, et Sa Majesté l'Empereur de toutes les Rus
d'autre part, étant animés du désir de rétablir les bienf
de la paix pour leurs pays et pour leurs peuples, ont d
de conclure un traité de paix et ont nommé à cet e
leurs Plénipotentiaires, savoir :
Sa Majesté l'Empereur du Japo
Son Excellence le Baron Komura Jutaro, Jusam
Grand Cordon de l'Ordre Impérial du Soleil Levant,
Ministre des Affaires Étrangères ; et
Son Excellence M. Takahira Kogoro, Jusammi,
et Sa Majesté l'Empereur de toutes les Russ
Son Excellence M. Serge Witte, Son Secrétaire d'
et Présid

樺太を南北に分ける新国境に建てられる境界標。

四十七分、一同署名済み」と叫んだ。同時に分隊長の号令が飛び、十九発の礼砲が次々とポーツマスの空に轟いた。やがて汽笛と教会の鐘が唱和し、小さなポーツマスの街は平和の到来に沸き返った。

　ところが同日、それまで連戦連勝のニュースに踊らされていた国民は、日本の台所事情も知らず東京の日比谷公園で、代償の少ない講和に反対する大会を開き、首相官邸、内相官邸、新聞社などに押し寄せ、交番を焼き打ちするなどの一大暴動を巻き起こしていた。

　ポーツマスの講和で日本の戦勝国という立場は堅持された。だが、大国ロシアが敗戦国という屈辱的なレッテルを背負いながらも講和を受諾したのは、日本の軍事力にではなく、戦艦「ポチョムキン」に代表される国内の革命勢力に対する恐怖心からであった。すなわち日本にとって日露戦争の「勝利」は、ロシア革命の落とし子だったということである。そしていえることは、この「勝利」は将来の日本にとってまさに悪魔の勝利になったということである。以後、奢りたかぶった日本は韓国併合という国家の大罪を犯し、ひたすら軍事力を強化して「満州事変」を起こし、「支那事変」から太平洋戦争に突っ走って国民を未曾有の破滅においやった。その国民破滅の源は、この日露戦争の「勝利の美酒」に酔いすぎたことではなかったろうか。

日露戦争関係年表

明治36年（1903）

4月18日　駐清ロシア公使、満州撤兵に関する7カ条の新要求を清国に提出（清国、27日に拒絶）。

5月　ロシア軍、鴨緑江を越えて龍巌浦に軍事基地を建設し始める。

6月12日　ロシア陸相クロパトキン大将来日。

6月23日　対ロシア問題に関し、御前会議で満韓問題に関する日露交渉開始を決める。

7月1日　ロシアの東支鉄道完成。

8月12日　栗野慎一郎駐ロシア公使、6カ条の日露協商基礎条項を提出（10月3日、ロシア拒否）。

ロシア、旅順に極東総督府を設置し、アレクセーエフ関東軍司令官を総督に任命。

9月6日　ロシア、満州撤兵に関する7カ条の要求（4・18）を撤回し、新たな要求を清国に提出。清国拒否。

10月6日　外相官邸で小村寿太郎外相と駐日ロシア公使ローゼンの第1回日露会談。以後、10月30日まで5回の会談を行うが不調。

10月8日　ロシア軍、奉天省城を占領。

12月30日　日本政府、閣議でロシアとの開戦の際の清国と韓国に対する政策を決定（清国には中立を維持させ、韓国は支配下に置く）。

明治37年（1904）

1月6日　内田康哉駐清公使、清国に日露開戦の場合には中立を維持するよう勧告。

1月23日　韓国、日露開戦の場合は中立維持を声明。

2月4日　御前会議で対露交渉中止、軍事行動採用を決議。

2月6日　小村外相、ローゼン公使に日露交渉打ち切りを通告。東郷平八郎司令長官率いる連合艦隊、佐世保を出撃。ロシアも動員令布告。

2月8日　第12師団先遣部隊、仁川港に上陸。連合艦隊の駆逐隊、旅順口のロシア艦隊を夜襲。

2月9日　瓜生外吉少将の第4戦隊、仁川港を出撃したロシアの巡洋艦「ワリャーグ」と砲艦「コレーエツ」を撃破。

2月10日　日本政府、ロシアに対し宣戦布告。

2月11日　宮中に大本営を設置。

2月12日　清国、日露戦争に中立を宣言。

2月14日　長崎・佐世保・対馬・函館に戒厳令施行。

2月17日　閣議でロンドン市場を中心に戦費調達の英貨公債募集方針を決定。

2月21日　ロシアのクロパトキン陸相、満州軍総司令官に任命される。

2月23日　日韓議定書調印。

2月24日　第1回旅順口閉塞作戦開始。

3月6日　上村艦隊、初めてウラジオストクを威嚇砲撃。

3月16日　日本の各政党、日露戦目的達成のために一致して政府援助を決定。

3月21日　黒木大将の第1軍主力、鎮南浦に上陸。

3月27日　第2回旅順口閉塞作戦決行。

4月13日　連合艦隊の第7、8次旅順口攻撃開始。果敢に反撃に出たロシア太平洋艦隊の新任司令長官マカロフ中将は、座乗した「ペトロパヴロフスク」が日本軍が敷設した機雷に触れて爆発、長官もろとも沈没した。

4月25日　商船「五洋丸」と輸送船「金州丸」、韓国の元山港付近でロシア・ウラジオストク艦隊に撃沈され、将兵100余名戦死。

4月26日　鴨緑江渡河作戦開始。

5月1日　第1軍、九連城を占領。

5月2日　乃木希典、新編第3軍司令官に任命。

5月3日　連合艦隊、第3回旅順口閉塞作戦開始。

5月5日　奥大将の第2軍、遼東半島に上陸開始。

5月6日　第1軍、鳳凰城占領。

5月7日　外債1000万ポンド、英米でそれぞれ半額宛引き受け契約を調印。

5月15日　巡洋艦「吉野」と「春日」、旅順口封鎖任務からの帰途濃霧で衝突、「吉野」沈没。同じ日、旅順口沖で戦艦「初瀬」「八島」触雷で沈没。

5月19日　独立第10師団、大孤山に上陸。

5月25日　第2軍、金州・南山総攻撃開始。26日占領。

6月6日　乃木第3軍司令官、遼東半島に上陸。

6月14日　第2軍、得利寺でロシア軍と激戦開始。

6月15日　玄界灘の大悲劇。ウラジオストク艦隊により陸軍運送船「佐渡丸」「常陸丸」「長門丸」次々撃沈され、多くの陸海軍将兵犠牲となる。

6月20日　満州軍総司令部設置、総司令官大山巌大将。

6月23日　旅順口外の海戦。ロシアの主力艦南下の動きを見せ、連合艦隊はただちに迎撃。

6月26日　旅順攻囲戦を開始した第3軍の歪頭山、剣山の争奪戦始まる。

7月6日　大山総司令官以下満州軍総司令部、東京出発。

7月9日　6日より行動を起こした第2軍は、蓋平城を占領。

7月19日　第1軍、細河沿を占領。

7月23日　ウラジオストク艦隊、九十九里浜沖から下田沖に現れ、商船を撃沈。

この日から第2軍の大石橋の戦い始まる。

7月26日　第3軍、旅順のロシア軍要塞攻撃開始。

7月31日　第4軍、析木城を占領。

8月1日　第1軍、楡樹林子と様子嶺付近を占領。

8月3日　第2軍、海城、牛荘城を占領。

8月10日　黄海海戦。ロシア艦隊、旅順港脱出失敗。

8月14日　蔚山沖海戦。ウラジオストク艦隊壊滅。

8月19日　第3軍の第1回旅順総攻撃開始（失敗）。

8月22日　日韓新協約調印（韓国の財政および外交権を事実上掌握）。

8月25日　遼陽会戦始まる。

9月4日　第1、第2、第4軍、遼陽を占領。

9月19日　第3軍、旅順総攻撃再開（失敗）。

9月21日　旅順の203高地攻撃を行うも、22日に退却。

9月28日　徴兵令改正され、後備兵役10年に延長。

10月9日　沙河会戦始まる（第1、第2、第4軍）。

10月14日　沙河のロシア軍退却開始し日本軍大勝利。以後、日露両軍は冬営に入り、「沙河の対陣」となる。

10月15日　バルチック艦隊、リバウ軍港を出航。

10月21日　バルチック艦隊、デンマーク沖の北海で「ドッガー・バンク事件」を起こす。21日から22日にかけた深夜、バルチック艦隊は北海で操業中のイギリスのトロール漁船団約30隻を、日本の水雷艇隊と思い込んで猛砲撃、1隻撃沈、数隻に被害を与え大問題になる。

10月26日　第3軍の第2回旅順総攻撃開始。

11月3日　日比谷公園で国民後援大会。

11月5日　バルチック艦隊本隊、タンジールを出航。

11月8日　第2回外債発行、英米で1200万ポンドの契約成立。

11月26日　第3軍、第3回総攻撃開始。203高地への攻撃続行。

11月30日　203高地を占領。

12月1日　バルチック艦隊本隊、ガボンを出航。

12月4日　203高地を観測所に、海軍重砲と28センチ榴弾砲による旅順港のロシア軍艦への砲撃開始。
12月15日　東郷連合艦隊司令長官より大本営への報告によれば、旅順のロシア艦隊は壊滅したものと判断される。
12月16日　バルチック艦隊本隊、アングラ・ペケナ出航。
12月18日　旅順要塞の東鶏冠山北堡塁を完全に占領。
12月28日　二龍山堡塁占領。
12月29日　バルチック艦隊本隊、マダガスカル島のディエゴスアレス港に到着。
12月31日　松樹山堡塁占領。

明治38年（1905）

1月1日　水師営南方の第3軍前線にロシア軍の降伏軍使訪れ、関東要塞地区司令官ステッセル中将の旅順開城に関する書簡を持参。
1月2日　日露両全権委員、旅順開城規約の本調印終了、戦闘行為を中止する。
1月5日　乃木大将、ステッセルと水師営の農家で会見。
1月9日　フェリケルザム少将率いるバルチック艦隊支隊、スエズ運河経由でマダガスカルに到着、ロジェストウェンスキー中将の本隊と合流。
1月12日　鴨緑江軍新編制される。
1月19日　韓国、日本の貨幣が法貨として国内に流通することを公認。
1月22日　ロシアの首都ペテルブルグで冬宮に請願デモに向かった労働者に軍隊が発砲、「血の日曜日」となる。
1月25日　駐米高平小五郎公使、ルーズベルト米大統領に日露講和問題に関し日本政府の意見を申し入れ。
黒溝台の戦い始まる。
1月29日　平民新聞廃刊。
黒溝台の戦い、日本軍土壇場でロシア軍を撃退。
2月7日　奉天攻略作戦計画を再確認し、各軍に戦闘序列が裁可。
2月16日　ネボガトフ少将率いるロシアの第3太平洋艦隊、リバウ港を出航。
2月17日　乃木大将の第3軍、旅順から遼陽西方に転進集結。
2月20日　大山満州軍総司令官、烟台の総司令部に各軍司令官を集め、奉天攻略作戦に関する訓示を行う。
2月22日　奉天攻略開始、鴨緑江軍前進開始。
3月1日　米カリフォルニア州上院、日本人移民制限に関する決議案を可決（下院は翌2日）
3月4日　ルーズベルト米大統領、再選される。
3月9日　午後9時、ロシア軍の総司令官クロパトキン大将、全軍に奉天地区からの退却命令下す。
3月10日　大山総司令官戦闘終結を宣言、奉天会戦終わる。
3月16日　日本軍、鉄嶺を占領。
3月17日　バルチック艦隊、マダガスカルを出航。
3月19日　日本軍開原を占領。
3月21日　日本軍昌図を占領。
4月8日　バルチック艦隊、シンガポール沖を通過。
日本政府、対韓保護権設定を決定。
4月10日　仏外相、本野一郎駐仏公使に、日本が領土および償金を要求しなければロシアは講和を希望すると言明。
4月14日　バルチック艦隊、仏印のカムラン湾外港に投錨。
4月20日　小村外相、本野駐仏公使に訓電、バルチック艦隊がカムラン湾で戦闘準備をしていることは中立違反であるとフランス政府に抗議を申し入れさせ（18日）、続けて中立の励行を厳重に求めた。
4月21日　日本政府、閣議で日露講和条件を決定。
5月7日　サンフランシスコで日本人移民排斥大会開催。
5月9日　ロシアの第3太平洋艦隊カムラン湾沖に到着、ロジェストウェンスキー中将の本隊と合流。
5月14日　バルチック艦隊、カムラン湾を出航。
5月17日　英外相、日英協約を攻守同盟として適用地域範囲拡大を提議。
5月19日　バルチック艦隊、バシー海峡で英国商船「オールド・ハミヤ」を拿捕し、三井物産チャーターのノルウェーの貨物船「第2オスカル」を臨検。
5月24日　日本政府、閣議で日英同盟拡大強化方針を決定。
5月27日　日本海海戦始まる。
5月28日　バルチック艦隊壊滅。ネボガトフ少将降伏。
5月30日　ロシア政府、宮廷の軍事会議で戦争続行を決議。
6月1日　高平駐米公使、日本政府の訓令によりルーズベルト大統領に日露講和の斡旋を要望。
6月2日　ルーズベルト、駐米ロシア大使カシニーに日露講和を勧告。
6月5日　ルーズベルト、駐露大使マイヤーに、ロシア皇帝に講和を提議するよう訓令。
6月7日　ロシア皇帝ニコライ2世、ルーズベルトの日露講和提案を内諾。
ルーズベルト、金子堅太郎特使に日本軍の樺太占領を勧める。
6月9日　駐日米大使グリスコム、正式にアメリカの講和勧告書を小村外相に手交（ロシアにも同日手交）。
6月10日　日本政府、米大統領の講和勧告に応じ全権委員を任命する旨、駐日米公使に回答。
6月12日　ロシア外相、講和勧告承諾を駐露米大使に回答。
6月26日　ルーズベルト、ポーツマスを日露講和会議地に指定。
6月30日　日本政府、日露講和の条件を閣議決定。
7月3日　講和全権委員に小村外相と高平駐米公使を任命。
7月7日　日本の樺太遠征軍、樺太南部に上陸。
7月11日　ニコライ2世、対日講和条件を認可。
7月19日　ロシアの講和全権ウィッテとローゼン、ポーツマスへ出発。
7月29日　桂・タフト覚書成立（韓国とフィリピン問題に関し、相互の利益を承認する）。
7月31日　樺太のロシア軍降伏、日本は全島に軍政施行。
8月10日　日露講和会議、ポーツマスで始まる。
8月12日　第2回日英同盟協約調印。
8月17日　講和問題同志連合大会、東京の明治座で開催。
講和条件譲歩反対決議。
8月25日　ルーズベルト、日本に樺太北部返還報酬金の減額を勧告。
8月28日　御前会議で最終講和条件を決定。
8月29日　日露講和会議、日本が軍費要求と樺太の北半分を放棄して講和成立。
9月1日　日露休戦に関する議定書調印。
9月2日　政友会院外団有志・在京代議士の会議、日露講和で政府問責を決議。憲政本党政務調査会、講和反対を決議。
9月5日　日露講和条約調印（10月16日公布）。
東京・日比谷公園の講和条約反対国民大会大荒れ、焼き打ち事件起こり、軍隊出動。以後、全国で講和反対運動が起こる。
9月14日　大山巌満州軍総司令官、全軍に休戦命令。

●著者略歴
平塚柾緒（ひらつか・まさお）
一九三七年、茨城県生まれ。出版プロダクション「文殊社」代表。太平洋戦争研究会、近現代史フォトライブラリー主宰。
主な編著書に『日露戦争・旅順攻略戦』（フットワーク出版）『日露戦争・日本海大海戦』（同）『真珠湾攻撃』（同）、『米軍が記録した日本空襲』（草思社）『ガダルカナルの戦い』（同）、日米中報道カメラマンの記録『日中戦争』（翔泳社）、『図説・太平洋戦争』（共著・河出書房新社）『図説・満州帝国』（同）等がある。

〈主要参考文献〉本文中に出典を明記した以外に、次の文献を参考にいたしました。

『日露戦史』参謀本部編纂
『日露海戦記』海軍勲功表彰会編纂
『日露大戦史』服部鉄石編
『日露戦役御旗之光』大日本奉公会編
『日露大海戦を語る』（東京日日新聞社・大阪毎日新聞社刊）
『名将回顧・日露大戦秘史』（朝日新聞社編）
『日本外交史・日露戦争』鹿島守之助著（鹿島研究所出版会刊）
『日露戦争全史』デニス・ウォーナー、ペギー・ウォーナー著
　妹尾作太男・三谷庸雄共訳（時事通信社刊）
『機密日露戦史』谷壽夫著（原書房刊）
『ソ連から見た日露戦争』I・I・ロストーノフ編
　大江志乃夫監修・及川朝雄訳（原書房刊）
『日露戦争と日本軍隊』大江志乃夫著（立風書房刊）
『近代の戦争・日露戦争』下村富士男著（新人物往来社刊）
『日本の戦史・日露戦争』〈上下〉（徳間書店刊）
『日露戦争陸戦写真史』平塚柾緒著（新人物往来社刊）
『日露戦争海戦写真史』平塚柾緒著（新人物往来社刊）

〈写真協力〉
近現代史フォトライブラリー

ふくろうの本
新装版 図説 日露戦争
一九九九年 六 月二五日初版発行
二〇〇四年 四 月二〇日新装版初版発行
著者……平塚柾緒
装幀・デザイン……岡田武彦 ［協力・吉留直子］
発行……河出書房新社
東京都渋谷区千駄ヶ谷二-三二-二
電話 〇三-三四〇四-一二〇一（営業）
〇三-三四〇四-八六一一（編集）
http://www.kawade.co.jp/
発行人……若森繁男
印刷……大日本印刷株式会社
製本……加藤製本株式会社

Printed in Japan
ISBN4-309-76044-9
定価はカバー・帯に表示してあります。
落丁・乱丁本はお取替えいたします。